노래하는 사람

나훈아

일러두기

- 이 책에서 소개된 앨범과 곡명은 제작사의 공식적인 표기법을 따라 기재하였습니다.

- 이 책에 수록된 가사는 KOMCA(한국음악저작권협회)의 사용 승인을 받았습니다.

노래하는 사람

나훈아

무대 위의 철학자, 한국 가요의 그랜드마스터

나훈아 음악의 절대미학을 만나는 시간

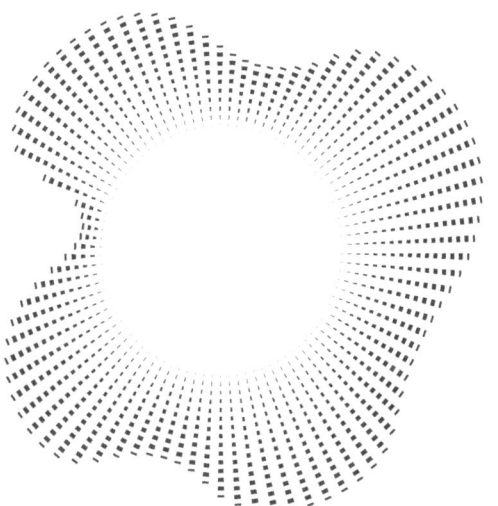

조성진 지음

한스미디어

들어가며

아주 오래전 내가 살던 근처에 매우 큰 고목이 있었다. '근처'라고 표현했지만 정확하겐 20여 분 이상은 걸어가야 볼 수 있는 위치였다. 가까운 거리가 아니었음에도 많은 사람이 이 고목을 찾았다. 몇십, 몇백 년인지 가늠하기 힘들 만큼 큰 고목이라 여러 갈래로 길게 뻗은 나뭇가지의 위상(?)도 대단했다.

무더운 여름엔 나무 주변에 족히 40~50명 이상은 앉아 그늘을 즐길 만큼 컸다. 그러다가도 밤엔 달콤한 데이트 장소일 뿐 아니라 쭈그리고 울거나 주먹으로 나무를 쳐대며 고함지르고 화풀이를 하는 곳이기도 했다. 이처럼 이 고목은 휴식과 사랑의 추억이자 온갖 슬픔을 받아주는 넓은 가슴이고 각종 화풀이를 할 수 있는 샌드백이 기도 했다.

한국 대중음악사에서 나훈아는 바로 이 거대한 고목과도 같은 존재다. 언제나 변함없이 그 자리에 있으며 대중과 희로애락을 함께하는!

나훈아는 모든 트로트 가수의 '고향'이자 '테스형' 이다.

그는 트로트 창법의 상징이 된 꺾기 기술을 본격적으로 구사하며 오늘날의 트로트 가창 스타일을 일군 장본인일 뿐 아니라 셀 수 없이 많은 가수에게 영향을 끼쳤고, 현재에도 여전히 영감을 주는 멘토 같은 존재다.

나훈아는 단지 노래만 탁월하게 잘하는 가수가 아니라 대중음악사에 길이 남을 많은 곡을 작사·작곡할 만큼 곡 쓰기에서도 발군의 역량을 보였다. 자신의 곡을 직접 쓰고 노래하는 '싱어송라이터'가 갈 수 있는 가장 높은 경지이자 텍스트다.

이전까지 이렇게 노래하는 가수가 없었다는 점에서 나훈아의 등장은 한국 가요계의 충격이었다.

누군가가 "노래 정말 잘하는 가수"라고 엄지척을 아끼지 않으면 옆에서 "그래봐야 트로트 가수지"라고 폄하하기도 한다. 그러나 이런 사람들도 나훈아에게만큼은 감히 "그래봐야~"라는 표현을 하지 못한다. 기본적으로 트로트를 표방했지만 이미 그의 가창력은 특정 장르·스타일을 넘어선 '어나더 레벨'이기 때문이다. 트로트는 이래야 한다는 고정관념, 선입견을 깨고 다채로운 표현 영역을 확장한 것도 그의 공로다.

그럼에도 나훈아를 학문적으로 연구한 논문이 수십여 년 동안 겨우 몇 편에 불과할 뿐 아니라, 본격 음악 평론 책자도 전혀 없는 게 현실이다. 음악사적으로 볼 때 '위대한', '불세출' 등 엄청난 수식어가 전혀 어색하지 않은 대단한 인물, 그래서 더 평론 책자로 꼭 한번 다뤄보고 싶었다. 그리고 이것은 음악 평론가로서 반드시 해야 할 '과제'이기도 하다.

이처럼 예전부터 나훈아 평론 단행본을 염두에 두고 있었던 만큼 '한스미디어' 출판사로부터 의뢰받는 순간 너무 기뻤다. 쓰고 싶은, 그리고 꼭 써야 하는 책 중 하나를 드디어 진행할 수 있게 됐기 때문이다.

언젠가는 꼭 집필해야 할 책 중 하나로 생각해왔기에 음악 관계자들을 인터뷰할 때나 사석에서도 나훈아 관련 질문을 하곤 했다. 이런 식으로 여러 뮤지션의 관점 및 나훈아 비하인드 스토리 등을 수집하기 시작했다. 그리고 나훈아와 작업했던 관계자들을 접촉하면서 하나하나 데이터를 더 구체적으로 쌓아갔다.

아티스트마다 추구하는 음악 세계와 걸어온 스토리가 다르다. 따라서 해당 아티스트에게 적절한 접근 방식이 무엇이고, 이걸 어떤 형태로 디테일을 더해가며 책에 담느냐가 중요하다. 내가 책을 쓰기 전 가장 많이 고민하는 부분이기도 하다.

이 책에선 크게 10개의 카테고리로 나눴다.

어릴 때부터 나훈아를 들으며 자라다 보니 그의 이름과 자연스럽게 오버랩되는 몇몇 단어가 떠올랐다. 고향과 어머니다. 이것은 비단 나만의 생각은 아닐 것이다. 그리고 이후부터 나훈아는 인생을 돌아보게 하는 노래들도 자주 선보였다. 그래서 고향, 어머니, 사랑, 남자(사내), 인생을 중요한 테마로 정한 것이다. 또한 이외의 테마를 노래한 곡 중에서 반드시 언급해야 하거나 한 번은 짚고 넘어갈 작품은 별도로 여덟 번째 카테고리에서 다루었다.

곡 리뷰 코너에선 해당 곡 제작에 참여한 작곡가 및 편곡가, 세션 연주자 등 여러 관계자의 인터뷰를 토대로 그동안 공개되지 않은 비하인드 스토리도 담았다.

어린 시절, 고향, 어머니 등 옛 정서를 떠올리게 하는 노래들이 많은 만큼 '공전절후(空前絶後)', '지존무상(至尊無上)' 등 예스러운 표현을 종종 사용해 향수를 불러일으키고자 했다.

마지막 10번째 카테고리를 '지존무상'으로 한 데엔 이유가 있다. 홍콩 액션 느와르 영화를 연상케 하는 것이라 이 말을 쓸지 말지 잠시 망설였다. 그러나 영화에서 이미 사용했다고 해서 이렇게 멋진 표현을 묻혀두기엔 너무 아까웠다. 더욱이 '지존무상'이라는 어감이 트로트와도 좋은 궁합으로 들렸다. 무엇보다 지존무상이 지닌 의미가 나훈아라는, 다시는 나오기 힘든 거장을 가장 압축적으로 표현한 사자성어였다. '더할 수 없이 존귀하고 그 위엔 아무도 없는 최고, 서로 견줄 만한 대상이 없는 상태'라는.

흔히들 유명인을 얘기할 때 이름 뒤에 '님' 자를 붙이지 않고 "아무개는~" 하는 식으로 표현하곤 한다. "어제 임백천 방송에서~", "이번에 아무개가~" 하는 식이다. 30년 넘게 현장을 오가며 많은 음악인을 인터뷰하고 있지만, 그들이 다른 음악인을 언급할 때 이름 뒤에 '님'을 붙이는 걸 자주 보진 못했다. 물론 예의가 바른 음악인들은 나이 고하를 막론하고 이름을 언급할 때 반드시 '님'을 붙이기도 하지만 이런 경우는 매우 드물다.

책을 쓰기 위해 여러 음악 관계자들을 만났는데 그들은 하나같이 나훈아를 언급할 때만큼은 '님' 또는 '선생님' 등의 호칭을 붙이며 깍듯하게 표현했다. 개중엔 인터뷰도 몇 번 했고 사석에서 식사도 할 만큼 친분이 있어 '더 편한' 관계자도 있었다. 그런데 그 또한 나훈아를 언급할 땐 매우 깍듯했다. 이처럼 많은 음악인과 음악 관계자들이 "나훈아 선생님은~", "나훈아 님은~" 하는 식으로 마음에서 우러나오는 존경심을 보이고 있었던 것이다. 그와 나이 차가 별로 나지 않는 음악인들조차 나훈아 이름 뒤에 꼭 '님'을 붙여가며 말을 하는 것도 인상적이었다. 한국 음악계에서 나훈아라는 아티스트는 이러한 존재인 것이다.

책에 나오는 곡의 제목과 가사는 발매 당시 표기를 따랐기 때문에 현재 한글 표기법과 다를 수 있다. 예를 들어 〈항구의 불근 소매〉의 '불근'은 '붉은'이라고 표기하는 게 맞다. 따라서 이런 경우 원곡을 쓰고 해당 부분에 현재 표기를 병행했다(e.g. 〈항구의 불근(붉은) 소매〉, 〈땐사(댄서)의 순정〉).

그리고 앨범명은 대괄호([ ]), 곡명은 홑화살괄호(〈 〉)로 표기했고, 곡명(노랫말 포함)은 앨범에 실린 표기에 준해 띄어쓰기 맞춤법 규정에서 벗어난 경우도 있다.

또한 각 곡은 처음 발매된 음원을 기준으로 분석했다. 따라서 1:40 등 곡 해설에 기재된 특정 구간의 시간 표시도 첫 발매 음원을 기준으로 한 것이라 재발매 녹음 등 다른 버전과 표기 시간이 다를 수 있다는 것도 밝혀둔다. 또 리뷰한 곡들은 발매 순이 아니라 가나다순으로 정리해 찾아보기 쉽게 했다.

나훈아와 남진은 당대의 라이벌이라 '긴장 관계'를 유지하며 교류하지 않았다는 통념과 달리 여러 편의 영화를 함께 찍었다. 또한 당대의 유명 배우들과 액션에서 멜로, 드라마에 이르기까지 다양한 장르의 영화에서 열연했다. 따라서 그가 출연했던 영화들을 일목요연하게 정리해 기록으로 남기고 싶었다. 어릴 때 이런 영화들을 재미있게 본 기억이 난다. 책을 쓰면서 나훈아가 출연했던 이러한 영화들을 다시 한번 감상하고 싶었지만 볼 수 있는 곳이 없어 무척 아쉬웠다. 일단 이 책에 간단히 출연 영화를 소개하는 것으로 위안을 삼으며, 추후 '나훈아 기획전' 등 몇몇 형태로 그가 출연했던 영화를 다시 볼 수 있는 기회가 꼭 만들어지길 기대해본다.

젊을 때였다면 이러한 나훈아 평론책을 집필하기가 쉽지 않았을 것 같다. 나이를 먹어가고 그때부터 보이기 시작하는 또 다른 걸 느껴야만 이해할 수 있는 것들이 그의 노래 속에 많이 들어있기 때문이다. 발성 창법 및 사운드 등 기술적 완성도를 이해하는 것만으론 결코 이러한 깊이를 성찰할 수 없다. 특히 후반으로 오며 나훈아의 음악 세계는 더더욱 이러한 내면의 깊이를 더하고 있다. 따라서 이러한 점도 염두에 두며 곡이 말하고자 하는 의미를 파악하려고 했다.

책을 쓰기 위해 나훈아의 많은 곡을 들으며 다시 한번 노랫말에 감탄하고 또 감탄했다. 이 정도면 단지 가사를 잘 쓴다는 차원이 아니라 '신의 경지'라는 표현을 써도 과하지 않다. 최근 출판계는 필사집 열풍이 일고 있는 만큼 나훈아의 명문장이 함께하는 많은 노래가 필사집으로 나오면 너무 좋을 것 같단 생각이 들었다.

나훈아의 등장이 우리 음악사의 새로운 출발을 알렸듯이 지난해 8월 15일을 이 책의 출발점으로 삼아 탈고하고 싶었다. 비록 일정이 빡빡해 출판사 측도 우려 섞인 눈길을 보냈으나, 전력 질주하며 데드라인을 지켰고 이후 정교한 편집 과정을 거쳐 비로소 결실을 보게 됐다.

이제 또 하나의 저작물을 세상에 내보내게 됐다. 이 책을 계기로 나훈아라는 가장 한국적인 '국보급' 거장 아티스트에 대한 더욱 다양하고 깊이 있는 음악적 탐구가 많이 나오길 기대해본다.

2026년 1월

조성진

목차

다섯, 사랑, 그리움

여섯, 남자 또는 사내란 이름의 무게

꺾기 발성은 약하게, 스트링 사운드 부각

사내

펑키 소울의 유연한 그루브로 사내 표현 ·
진정한 사내란 '외유내강'임을 암시

일곱, 인생

건배

힘차게 외치는 식의 뻔한 '건배' 어법 대신 ·
유연한 리듬으로 푸는 재치

고장난 벽시계

탁월한 표현력의 노랫말에 ·
리듬 변화로 역동적 사운드 연출

공

심오한 주제를 지루하지 않게 ·
스타일리시한 리듬으로 풀어

딱 한번 인생

전통 악기와 함께 우리 '흥' 표현 ·
판소리와 민요 발성+트로트 창법까지

맞짱

공격적이고 강렬한 발성으로 ·
세월과 대적한다는 강한 의지 표현

세월 베고 길게 누운 구름 한 조각

전형적인 4분의 3박자 왈츠 통해 ·
잠시 쉬어가는 삶의 여유 제시

여덟, 경계를 허문 혁신, 그리고 풍경의 미학

아홉, 또 다른 매력, 배우 나훈아

열,   지존무상:
음악 관계자들이 말하는 나훈아

하나,

한국 대중음악사에서 나훈아의 의미

출발부터 독보적

한국적 정서의 아이콘

대중음악사에 길이 남을 싱어송라이터

디렉터로서도 최고의 존재감

일관된 주제의식: 고향, 어머니, 사랑, 남자, 인생

트로트를 콘서트 음악으로 끌어올려

출발부터
독보적

    한국 대중가요는 1930년대부터 장르가 다양하게 나뉘며 가요사에 길이 남을 명곡과 명연을 노래한 가수들이 나타났다. 그리고 1940년대로 들어서며 트로트를 통해 서민들의 애환을 함께한 주목할 곡들이 속속 등장했다.

    1934년 〈타향살이〉로 데뷔해 〈짝사랑〉 등 여러 명곡을 발표한 고복수는 긴 호흡과 깊이 있는 감정선으로 많은 사랑을 받았다.

    1935년 콜롬비아레코드 전속가수로 데뷔한 김영춘은 〈홍도야 우지마라〉, 〈항구의 처녀설〉 등 여러 히트곡에서 애절한 시정을 맑은 톤에 담아 노래했다. 또한 평안남도에서 월남한 윤일로는 〈기타 부기〉, 〈항구의 사랑〉 등 여러 곡을 통해 당시로선 매우 강한 창법을 구사했다.

1930년대 중반 데뷔한 남인수는 〈애수의 소야곡〉, 〈이별의 부산정거장〉, 〈무너진 사랑탑〉, 〈감격시대〉 등 많은 히트곡으로 가요사의 한 획을 그었다. 남인수의 성종은 테너, 즉 가늘고 부드러운 톤으로 노래했다. 당시 남자 가수들과 달리 그는 소리를 위쪽으로 자연스럽게 띄우는 발성이 대단했다. 마치 성악의 벨칸토(Bel Canto)를 연상케 할 만큼 폭넓은 음역을 구사함에도 정확한 음정과 딕션으로 자연스러운 흐름과 좋은 밸런스를 보였다. 때론 간결하게, 때론 길게 끄는 바이브레이션 처리는 당시 그 어떤 가수들보다 세련됐다. '정갈하다'는 표현이 가장 잘 어울리는 가창이다. 남인수는 노래를 참 쉽게 불렀다. 듣는 이가 편하게 들을 수 있게 한다는 건 그만큼 가창자의 목 또한 어떠한 무리 없이 자연스럽게 소리를 연출할 수 있기 때문이다.

1936년 데뷔한 김정구는 〈눈물 젖은 두만강〉, 〈왕서방 연서〉, 〈바다의 교향시〉 등 여러 곡에서 알 수 있듯이 당시 남자 가수들과 달리 발음을 살짝 푼 듯한 딕션 처리 및 경쾌한 호흡으로 부드러운 프레이즈를 연출하는 발성이 돋보였다.

1940년대 후반 〈신라의 달밤〉과 〈럭키서울〉, 그리고 1953년 〈굳세어라 금순아〉로 이어지는 현인(현동주)도 빼놓을 수 없다. 특히 프레이즈를 구성하는 음 하나하나를 길게 끌며 스타카토와 바이브레이션(비브라토)을 독특하게 사용하는 〈신라의 달밤〉의 발성이 등장했을 땐 충격 그 자체였다. 당시 가요계에서 주목받을 수밖에 없는 독보적인 창법의 시도였다.

이난영과 황금심은 한국 가요사 초기를 대표하는 여왕 같은 존재다.

이난영이 1935년에 발표한 〈목포의 눈물〉과 1942년 〈목포는 항구다〉는 '애수' 자체를 상징한다고 해도 좋을 가창이다. 그뿐만 아니라 이난영은 1939년 〈다방의 푸른 꿈〉이란 곡을 통해 당시 국내 가요계에선 흔치 않게 블루스를 시도했고, 1940년에 발표한 〈항구의 불근(붉은) 소매〉에선 스윙재즈까지 노래하고 있다. 〈목포의 눈물〉로만 평가하기엔 스펙트럼이 매우 넓은 가수였다.

황금심은 1937년 〈울산 큰애기〉와 1938년 〈알뜰한 당신〉으로 특히 유명하다. 민요식 창법을 수려한 발성에 실어 노래하는 방식이 꾀꼬리처럼 고운 소리라고 해 '꾀꼬리의 여왕'으로 불리기도 했다.

장세정은 1937년 〈연락선은 떠난다〉라는 정통 트로트를 시작으로 〈역마차〉, 〈고향초〉, 〈샌프란시스코〉 등 여러 곡으로 많은 사랑을 받았다. 청아한 음색, 큰 폭으로 떨어대는 바이브레이션 등이 매력적으로 조화를 이루었다.

〈나그네 설움〉과 〈번지없는 주막〉의 백년설은 음 하나하나에 바이브레이션을 넣어 긴 호흡으로 음미하듯 노래했다. 바이브레이션이 너무 많아 때에 따라선 지루하다 여길 수도 있겠지만 그만의 감정 연출은 독보적이었다.

〈찔레꽃〉과 〈낭랑 18세〉의 백난아는 프레이즈를 레가토로 부드럽게 이어가는 이쁜 발성이 특징이었다. 〈찔레꽃〉의 "남쪽나라", "그립습니다", "하염없이 바라보니" 등에서 자음 'ㄹ'을 발음할 때 혀를 굴리는 딕션 처리가 색다르다. 이런 표현법으로 부드럽게 프레이징을 이어가려고 했는데, 이러한 방식은 당시 여가수들에게선 쉽게 보기 힘든 것이었다.

1950년대로 넘어오며 한국전쟁이 가요계에 많은 영향을 끼쳤다. 전쟁을 소재로 한 노래가 많이 등장하기 시작한 것이다. "가~랑잎이~ 휘날리는~ 전선의 달~밤"으로 시작하는 신세영의 〈전선야곡〉(1952년)이 대표적이다. 7080 세대라면 누구나 한 번쯤 불러봤을 만큼 유명한 곡이다. 이 곡에서 알 수 있듯이 신세영은 현인과 비슷한 창법을 구사하고 있다.

백설희는 〈아메리카 차이나 타운〉, 〈봄날은 간다〉 등으로 1950년대 초중반 최고의 인기 가수 중 하나로 부상했다. 1953년 발표한 〈봄날은 간다〉는 백설희가 선보인 많은 곡 중에서도 시적 향취가 물씬 풍기는 노랫말과 격조 있는 가창으로 지금까지도 많은 사랑을 받고 있다.

이외에 "이름도 몰라요 성도 몰라~"로 시작하는 박신자의 〈땐사(댄서)의 순정〉(1959년), 황정자의 〈처녀 뱃사공〉(1959년) 등도 당대를 대표하는 히트곡이다.

이미자는 1950년대 후반에 등장한 트로트사의 거대한 산맥이다. 1959년 〈열아홉 순정〉을 노래한 데 이어 〈동백아가씨〉 등 많은 히트곡으로 한국적 정서가 물씬 풍기는 정통 트로트를 일구어갔다. 저음에서 고음까지 어떠한 음역에서도 힘들이지 않고 자연스럽게 노래하는 이미자의 발성은 두고두고 회자됐다. 대표곡인 F마이너(Fm)

조성의 〈동백아가씨〉는 여타 트로트와 달리 바이브레이션을 절제하는 가운데 맑고 간결한 톤으로 슬픔을 표현하고 있다. 다이내믹의 탁월함도 돋보인다. 이외에 F메이저(F) 조성의 〈섬마을 선생님〉을 비롯해 〈아씨〉와 〈울어라 열풍아〉 등 많은 곡에서 이미지식 트로트를 접할 수 있다.

"울려고 내가 왔던가"로 시작하는 저 유명한 〈선창〉의 고운봉, 〈울고 넘는 박달재〉의 박재홍, 〈비내리는 호남선〉, 〈한 많은 대동강〉의 손인호, 〈꿈에 본 내 고향〉의 한정무, 그리고 〈추풍령〉, 〈동백꽃 피는 고향〉의 남상규도 많은 사랑을 받았다.

1962년 여성 트로트 듀엣으로 출발한 은방울자매는 특유의 낭랑한 톤으로 〈쌍고동 우는 항구〉, 〈삼천포 아가씨〉, 〈무정한 그 사람〉, 그리고 〈마포종점〉 등을 노래하며 여성 듀엣의 매력을 널리 알렸다.

배호는 1963년에 데뷔해 1971년 타계할 때까지 8년이란 짧은 시간 동안 한국 가요사에 빛날 여러 명곡을 남겼다. 특유의 중저음 톤과 남성미 물씬 풍기는 딕션, 선이 굵은 가창은 〈돌아가는 삼각지〉, 〈안개낀 장충단공원〉 등 많은 노래에서 들을 수 있다.

이처럼 나훈아가 등장하기 이전에도 한국 가요계는 돋보이는 트로트 가수들이 많았다. 그럼에도 나훈아의 등장은 놀라움 그 자체였다. 호흡의 깊이는 물론 꺾기, 바이브레이션 등 각종 기술적인 면에서 가창 전반에 이르기까지 나훈아의 등장은 '본격' 트로트 창법의 시작이었기 때문이다. 꺾기는 소위 "트로트스럽다"고 말하는 이 장르 창법의 원형질과도 같은 것이다. 이러한 꺾기가 나훈아로 구체화되며 완성을 알렸다고 할 수 있다. 이외에도 그의 등장으로 대중가요 가창 전반이 수직 상승 레벨업됐다. 대중음악사를 송두리째 바꿀 만큼 대단한 그의 가창력은 두 번째 파트에서 자세히 다뤘다.

한국적 정서의
아이콘

나훈아는 오랫동안 자신의 곡 대부분을 직접 써온 싱어송라이터로서도 이 분야의 새로운 지평을 열었다. 나훈아만큼 오랜 시간 작사와 작곡을 하며 대부분의 곡을 히트시킨 사례는 한국 대중음악사에서도 유례를 찾기 힘들다. 이런 점에서 그는 진정한 '기록의 사나이'라 할 수 있다.

작법적으론 트로트 성인가요의 외피를 둘렀으나 그의 음악은 한국에 사는 모든 이들의 삶을 다채롭고 드라마틱하면서도 사실적으로 그렸다는 점에서 가장 한국적 정서를 내포한 가요의 한 축을 이끌었다고 평가된다.

나훈아가 60여 년간 노래하며 일관되게 관심을 가져

온 주제는 고향과 어머니, 사랑과 그리움, 남자(사내), 그리고 인생이다. 물론 이러한 테마는 트로트에서 단골로 사용되고 있는 것이지만 감정의 깊이와 울림에 있어서 그 어떤 가수도 범접하지 못할 만큼 독보적이다.

소위 한국적 정서와 풍경이란 게 있다. 다닥다닥 붙어 있는 집들, 골목길, 동네 공터, 구멍가게….

한 동네에 많은 사람이 모여 살다 보니 알콩달콩한 일부터 궂은일들이 쉬지 않고 벌어진다. 자식에게 막걸리 좀 사 오라는 옆집 아버지의 목소리도 잘 들릴 정도다. 마을에 잔치라도 벌어지면 온 동네 집이 텅텅 빈다. 동네 사람들 모두 잔칫집에서 상대를 축하해주며 기쁨을 나누고, 상을 당하면 모두 초상집으로 가 밤을 지새우며 슬픔을 함께한다. 그래서 이웃사촌이란 말도 생겼다.

1970년대 초만 해도 TV가 귀하던 시절이었다. 화제의 연속극이 방영되는 시간엔 온 동네 사람들이 TV가 있는 집으로 모여 함께 방송을 보며 울고 웃었다.

저녁 무렵엔 마당에서 동네 아저씨들과 어울려 하루의 피로를 풀며 막걸리 한잔 걸치는 아버지의 모습도 볼 수 있었다. 술이 떨어지면 자식에게 한 병 더 사 오라고 한다.

자식이 온다고 하는 날에는 당일 이른 저녁부터 신작로에 나가 기다린다. 아직 도착하려면 한참 멀었는데도 빨리 보고 싶은 부모 마음이다. 이를 안 동네 사람들은 지루함을 잠시라도 달래주고자 말벗이 되어 함께 기다려준다. 기차역이나 고속버스 터미널까지 나가 기다리는 부모도 있다.

건물이 밀집되어 있음에도 여전히 짓고 또 지을 뿐 아니라, 매일같이 주차난을 겪는 지금과 같은 세태로 본다면 믿기 힘들 수도 있지만 1970년대까지만 해도 동네마다 공터가 많았다. 이곳은 아이들을 위한 최고의 놀이터였다. '무궁화 꽃이 피었습니다', '제기차기' 등 남녀가 함께 즐기는 놀이도 있었지만 대부분 남자는 남자끼리, 여자는 여자끼리 어울려 놀았다.

남자아이들은 말뚝박기, 팽이돌리기, 딱지치기, 땅따먹기, 그리고 "홀짝홀짝"하며 상대 패를 알아맞히는 다마따먹기 등을 많이 했다. '다마'는 원래 전구나 구슬을 뜻하는 일본어로 당시엔 '다마', '벤또(도시락)', '다꽝(단무지)', '오뎅(어묵)' 등 일본어가 생활 곳곳에 남아있을 때였다.

여자아이들은 고무줄 또는 공기놀이 등을 주로 했던 것으로 기억한다. 재미있게 놀고 있는데 갑자기 공터가 떠나가라 자신을 부르는 부모 목소리가 들린다. "아직까지 청소 안 하고 뭔 지랄이냐"라는. 이번 판만 끝내고 가겠다며 놀이에 몰두하는 아이에게 부모는 부리나케 달려가 귓불 또는 머리채를 잡고 집으로 끌고 간다.

고무줄놀이할 때 갑자기 뛰어들어 줄을 끊고, 공기놀이 중에도 돌 한두 개를 다른 쪽으로 던져버리며 훼방을 놓는 남자아이들도 있었다. 그러면 피해를 본 여자아이가 울면서 집으로 달려가 어머니나 오빠를 데리고 공터로 와 훼방꾼을 혼내준다. 가끔 심하게 혼난 남자아이는 울면서 자기 집으로 가 부모나 형과 함께 복수(?)를 하기도 한다. 현장(공터)에 여자아이 가족이 없으면 그 애 집으로 가 한바탕 소란이 일기도 한다. 애들 다툼이 집안싸움으로 확대되는 것이다.

나훈아는 이 모든 풍경을 사실적으로 잘 담아 노래했다. 그의 노래엔, 너무도 소중한 추억들이지만 이젠 잊힌 다채로운 한국적 정서가 풍경화처럼 그려져 있다. 그래서

나훈아의 노래를 듣는 시간은 더욱 밀도 높은 추억의 장
이 된다.

　"자야자야 명자야!

　불러쌌던 아버지

　술심부름에 이골 났었고

　자야자야 명자야!

　찾아쌌던 어머니

　청소해라 동생 업어줘라

　어스름 저녁 북녘하늘 별 하나

　눈물 너머로 반짝반짝 거리네"

　- 나훈아 〈명자〉 중

대중음악사에
길이 남을 싱어송라이터

외부 작곡가에 의뢰하지 않고 직접 곡을 쓰고 노래하는 사람을 싱어송라이터(singer-songwriter)라고 한다. 남이 쓴 곡을 받아 그에 맞추는 것이 아닌, 자신의 장점·매력이 극대화된 100% 맞춤형 곡을 쓰고 노래한다는 게 싱어송라이터의 가장 큰 장점이다. 닐 영(Neil Young), 밥 딜런(Bob Dylan), 존 레논(John Lennon), 조안 바에즈(Joan Baez), 조니 미첼(Joni Mitchell), 아델(Adele), 테일러 스위프트(Taylor Swift) 등이 대표적인 싱어송라이터다.

나훈아 역시 자신의 곡을 직접 쓰고 부르는 싱어송라이터다. 가수 활동 초기엔 유명 작곡가의 곡을 받아 취입했지만 이후 자신이 직접 노랫말을 쓰거나 작곡하는 비중을 조금씩 늘려나갔다. 〈울긴 왜 울어〉, 〈잡초〉, 〈18세 순이〉, 〈사랑〉, 〈무시로〉, 〈땡벌〉, 〈사나이 눈물〉 등 여러 히트곡의 가사와 곡을 직접 쓰기 시작하며 본격적인 싱어송라이터로서의 존재감을 확고히 다졌다.

일반적으로 싱어송라이터는 음악적으로 무리를 하지 않는다. 누구보다도 자신의 장단점을 잘 알고 있기에 그에 맞는 맞춤형 곡을 생산하는 것이다. 자신이 소화할 수 있는 음역이 어디까지인지 정확히 알고 하이라이트 부분에서도 자신의 음역에 맞게 곡을 쓰곤 한다. 그러나 나훈아는 직접 곡을 쓰고 노래함에도 언제나 난도 높은 기교와 감정의 깊이가 함께하는 최고 수준의 가창력을 보여줬다.

모든 노래를 직접 쓰기 때문에 그만큼 말하고자 하는 의도를 정확하게 표현한다는 것도 싱어송라이터의 강점이자 매력이다. 나훈아 또한 자신이 쓴 곡을 통해 자신만의 스토리를 더욱 사실적이고 감동적으로 그려냈다. 그 모든 게 한 편의 생생한 인생 교과서인 것이다.

나훈아의 노랫말 쓰기는 그의 탁월한 가창만큼이나 명품 그 이상이다. 씹을수록 깊어지는 '노래로 말하는 철학자'다.

그는 자신이 직접 쓴 글을 소속사 '예아라 예소리'를 통해 언론 보도자료로 배포했다. 2023년 신곡 앨범 [새벽]을 발표하며 음악 담당 기자들에게 보낸 보도자료를 소개하면 다음과 같다.

"새벽별이 보이면 별을 헤며 시를 짓고

새벽 비 내리면 빗소리 들으며 오선지에 멜로디를 담아보기도 하고…

신곡 여섯 이야기는 모두 잠 못 드는 하얀 새벽에 지었습니다.

'새벽'은 저에게 기타를 잡게 하고 피아노에 앉히기도 합니다.

또는 눈 뜬 채 꿈을 꾸게도, 아픔을 추억하게 하여 술 한잔하게도 만들지요.

그렇게 오랜 세월을 '새벽'은 저를 잠 못 들게 하였습니다.

늘 그랬듯이 설레고 긴장된 마음으로 신곡을 발표하면서

이 신곡들이 여러분의 '삶' 속에 작은 위로가 되기를 소망해봅니다.

2023년 7월 10일
나훈아"

문학 향기 물씬 풍기는 내용으로, 이는 그가 얼마나 로맨틱한 아티스트인지 잘 보여준다. 보도자료 말미엔 나훈아 소속사 윤중민 대표의 직인(인감)이 찍혀 있다. 이처럼 아티스트가 곡을 만들게 된 사연을 짧고 간결하게 언급한 내용만 보도자료로 보내기 때문에 이를 기사화하려는 기자들은 살을 더 붙여야 한다. 그러나 나훈아라는 엄청난 존재감만으로도 보도자료를 배포하는 순간 많은 언론사가 기사로 다룬다. 별다를 것 없는 내용을 매일 보도자료로 배포하는 여타 가수들 소속사의 언론 플레이와는 달라도 너무 다른, 그래서 더욱 돋보이며 묵직하게 다가온다.

〈미스트롯〉과 〈미스터트롯〉, 〈사랑의 콜센타〉 등 수많은 트로트 예능 프로그램 제작에 참여한 임현기 음악감독은 필자에게 "출전자들이 경연에서 가장 많이 부르는 게 나훈아의 곡"이라며 "마음에 와닿는 가사가 정말 많다"고 했다. 이어 "트로트를 노래하는 젊은 가수들도 나훈아의 곡을 부를 때 그 노랫말이 지닌 의미를 잘 표현하려는 노력을 더 많이 한다면 각자의 성장에 더욱 많은 도움이 되리라 본다"고 덧붙였다.

나훈아는 또한 자신의 곡을 쓰는 싱어송라이터일 뿐 아니라 다른 가수에게도 적지 않게 곡을 건넨 작곡·작사가이기도 하다. 조미미의 〈연락선〉을 비롯해 심수봉 〈여자이니까〉, 인순이 〈잠깐〉 등을 작곡했을 뿐 아니라 최헌 〈하늘을 보고 땅을 봐도〉의 작사가이기도 하다. 또한 1986년 당시 신인이던 이자연에게 데뷔곡 〈당신의 의미〉를 선사한 것도 나훈아다. 이외에도 여러 가수의 곡을 만들었다.

"밤에 부산서 공연이 끝나면, 그날로 바로 자동차를 타고 올라옵니다. 공연이 끝나면 참 힘들지요. 그런데 차 타고 올라오면서 밖을 쳐다보면, 차창 밖이 그냥 '詩'입니다. 별도 있지요, 강도 흐르지요, 바람도 불지요, 저 산 너머 추억도 있지요, 저 앞 먼 곳이 또 보이는 듯하죠…. 차창 밖에 아픈 추억도, 좋은 추억도 다 있어요. 그걸 주워 담는 거죠. 글로 막 쓰는 겁니다. 그리고 그 자리서 그냥 기타를 치면서 그 속에 빠지는 겁니다. 그럼 한 곡이 만들어지는 겁니다."

- 2002년 《월간조선》 인터뷰 중

디렉터로서도
최고의 존재감

하나의 곡이 나오기 위해선 가수, 작사·작곡 및 편곡가, 녹음을 맡은 음향엔지니어, 그리고 이 모든 걸 지휘하는 프로듀서가 있어야 한다. 공연도 마찬가지다. 무대에서 해당 가수가 마음껏 열연할 수 있도록 조명·음향 장비 스태프 및 무대를 총괄하는 음악감독 등 여러 관계자가 협업한다.

가수들은 흔히 노래에만 집중하는 편이지만 나훈아는 무대감독 및 음악감독 등 디렉터 역할까지 할 만큼 다방면의 능력을 갖추었다.

그는 노래는 물론 무대 전반까지 입체적으로 조망하고 기획하는 역량이 뛰어나다. 어떤 곡을 노래할 때 무대는 어떤 식으로 연출하고 그게 관객에게 어떻게 어필할 수 있는지 등 소위 '감동 포인트'의 맥을 정확히 짚을 줄 안다. 이러한 감각이 넘보지 못할 카리스마를 바탕으로 무대에서 더욱 빛을 발하는 것이다.

KBS 2TV 〈2020 한가위 대기획 대한민국 어게인 나훈아〉에서 방송 무대의 음악감독으로 활약한 장지원 감독도 이날 나훈아에 큰 감동을 받았다고 필자에게 말했다. 그는 이 프로그램을 통해 나훈아와 처음 작업했다. 매우 디테일한 요구에서부터 팬을 생각하는 다양한 시각에 이르기까지 그의 한마디 한마디는 당일 스태프 모두에게 깊은 인상을 심어줬다. 나훈아는 콘서트를 마치고 장지원 감독에 만족감을 표시했고, 자신의 앨범도 장 감독과 함께했으면 좋겠다고까지 말했다고 한다.

〈울긴 왜 울어〉, 〈테스형!〉, 〈영영〉 등 나훈아의 많은 노래를 편곡했을 뿐 아니라 나훈아 공연 음악감독으로 십수 년 이상을 함께한 김기표 감독은 나훈아가 생각하는 건 오로지 하나라고 말했다. 김 감독은 "자신의 팬을 위해 살아가는 분"이라며 "이런 게 너무 철두철미하다"는 것이다.

"나훈아는 팬한테 실망을 줘선 안 된다는 마음이 일반인은 상상할 수 없을 만큼 엄청납니다. 함께 음악을 하고 있으면 자신보다 팬을 먼저 생각하는 게 놀랄 만큼 강해요. 물론 음악을 하는 사람이라면 당연히 팬을 먼저 생각하는 게 당연하지만, 특히 나훈아는 팬에 대한 진심이 대한민국 최고입니다. 공연을 준비할 때도 철저하게 팬의 입장에서 생각하죠."

이승환, 나얼, 이은미, 이소라, 남진, 그리고 나훈아에 이르기까지 많은 가수의 세션을 맡아왔으며, '이승철 밴드' 드러머이기도 한 이상훈은 필자에게 "멋진 리듬으로 만들어내는 건 편곡자의 역량도 함께하는 것"이라며 "나훈아는 직접 곡을 쓰기 때문에 자기 곡에 대한 결정권도 그만큼 많을 뿐 아니라, 주변에 좋은 편곡자가 많아 그들과 다양하게 의견을 교환하며 더 멋지고 다양한 리듬을 연출하는 것으로 본다"고 말했다. 이어 "나훈아야말로 가수이자 프로듀서(디렉터)의 면모를 갖춘 몇 안 되는 아티스트"라고 덧붙였다.

남진, 조항조, 김연자, 주현미 등 많은 가수의 노래를

1,000여 곡 넘게 작업한 유명 편곡가 남기연은 이렇게 말했다.

"가수들은 자신의 노래에만 신경 쓰고 음악은 작곡가나 편곡가에 맡기는 게 일반적입니다. 그러나 나훈아는 자신이 직접 곡을 쓰기 때문에 편곡까지도 매우 디테일하게 참여합니다. 완성도가 더욱 높아지는 건 당연하죠. 무대를 압도하는 카리스마도 대단할 뿐 아니라 음악에 쏟는 열정도 상상 그 이상입니다."

《월간조선》 2002년 1월호 인터뷰에서도 흥미로운 내용이 나온다. "96년 KBS 〈설날 특집 나훈아 빅쇼〉에선 다이아몬드 550개가 박힌 10억짜리 의상을 입고 등장하셨는데, 너무 호화롭지 않았나요?"라는 질문에 나훈아는 이렇게 답했다.

"이건 꿈이어야 합니다. 다른 사람이 상상할 수 없는 짓을 해야 합니다. 그걸 보고 사람들이 자랑해야 합니다. '야, 나훈아가 다이아몬드가 주렁주렁 달린 옷을

입고 나왔어. 너 그거 봤냐? 야, 대단하더라!' 이렇게
만들어야 합니다."

언제나 더 좋은 무대를 위해 나훈아가 얼마나 많이 고
민하고 연구하는지 알게 해주는 대목이다.

일관된 주제의식:
고향, 어머니, 사랑, 남자, 인생

음악은 인간의 온갖 감정을 표현한다. 기쁨과 슬픔, 행복과 불행, 사랑과 증오, 분노와 용서, 그리고 배신, 질투, 부러움, 공포, 평온, 뿌듯함, 역겨움 등등 셀 수 없을 만큼 다양한 감정 상태를 악보에 담아낸다. 그리고 악보로도 표현할 수 없는 미묘한 감정선은 노래하는 가수를 통해 더 다채롭게 구현된다.

이 모든 행위는 특정 주제(테마)가 중심이 돼 작품을 이끈다. 주제가 배신이라면 어떠한 형태의 배신을 어떤 식으로 노래할지 정해야 한다. 주제의식이 확고할수록 듣는 이에게 다가가는 속도도 그만큼 빠르다.

60여 년 가까이 나훈아가 일관되게 노래한 주제는 고

향과 어머니, 사랑, 남자, 그리고 인생이다. 이것은 그가 걸어온 자취와도 일맥상통한다.

부산에서 태어난 그는 초량초등학교와 대동중학교에 이어 서울로 가 서라벌고등학교에 입학했다. 따라서 이때부터 타지 생활을 한 나훈아는 어머니와 고향에 대한 그리움이 쌓여갔다. '남자는 강하고 책임감이 있어야 한다'는 전통적인 한국의 남성상도 어릴 때부터 길러졌다. 가족을 먹여 살리는 아버지의 모습, 여자 앞에선 결코 부끄러운 짓은 하지 않는 남자 등 다양한 이미지가 그의 노래에 들어있다.

《월간조선》 2002년 1월호 인터뷰에서 밝힌 바와 같이 나훈아의 아버지는 "아프리카까지 다녀올 정도로 대한민국에서 제일 큰 무역선을 타던 마도로스"로 "한 번 나가면 6개월도 걸리고 1년도 걸려"가며 가족을 부양했다. 가족 생계를 책임지는 아버지의 모습은 어린 나훈아에겐 남자·가장의 전형이었다.

이처럼 어릴 때부터 보고 듣고 느낀 모든 것이 음악에서 그대로 나타났다. 그에게 고향에 대한 추억과 어머니, 사랑, 남자, 그리고 인생은 쓰고 또 써도 부족하지 않

을 '마르지 않는 스토리텔링'의 원천인 것이다. 그리고 이
것은 한국의 가장 전통적인 주제이자 보편적 정서이기도
하다.

트로트를
본격 콘서트 음악으로 끌어올려

"어디에서든 볼 수 있는 건 스타가 아니다"라는 게 나훈아의 지론이다. 많은 매체의 인터뷰 요청을 받아들일 때가 거의 없고 공식 기자회견도 수십 년에 한 번 정도 가물에 콩 나듯 했다. TV 등에 얼굴을 내미는 스타일은 더더욱 아니다. 공연장이 아니면 그를 볼 수 없다. 전형적인 신비주의 전략이다.

나훈아라는 레전드를 만나고 소통할 수 있는 공간은 콘서트장이란 게 사실로 굳어지다 보니 그의 공연은 언제나 이슈 중의 이슈로 부상했다.

지금과 같이 트로트가 '주류'로 부상하기 전부터 그는 이처럼 치밀한 사전 준비, 탁월한 기획력과 무대연출 등으로 공연의 새 장을 열었다. 특히 트로트란 장르를 공연에서 더 멋지고 감동적으로 빛을 발할 수 있게끔 '콘서트 음악'으로 끌어올리는 데 가장 크게 기여했다. "트로트 가수가 공연하면 얼마나 잘하겠나"라고 부정적으로 보는 사람들도 막상 나훈아 콘서트를 다녀오면 표정이 바뀔 정도다. 트로트에 편견이 있던 몇몇 유명 음악 관계자들도 나훈아의 공연을 본 후 마인드 자체가 바뀐 건 뮤지션들 사이에서 현재까지 언급되고 있는 일화다.

나훈아의 공연은 트로트라는 특정 장르로 한정 짓기 힘들 만큼 거대한 스케일과 다양하고 깊이 있는 퀄리티로 오감을 만족시킨다. 특정 콘서트를 위해 오랫동안 치밀하게 준비할 뿐 아니라 당일 스태프 100여 명 이상과 무용단, 그리고 악단 등 수십 명이 함께하며 더욱 완성도를 높인다. 여기에 나훈아라는, 손 하나 동작으로도 카리스마가 철철 넘치며 관객을 리드하는, 타고난 퍼포머이자 위대한 가수가 함께하는 것이다. 이러한 공연을 보고 열광하지 않는 게 오히려 이상할 정도라고 할 만큼.

이러다 보니 공연 티켓을 구할 수 없을 정도로 나훈아 콘서트는 소위 '피켓팅'을 대표한다. 티켓을 구하기 위해 많은 사람이 동시에 접속해 서버가 마비되거나 좌석이 순식간에 매진될 정도로 '피 튀기는 예매 전쟁'이라고 해 피켓팅이라고 표현한다.

나훈아의 공연 티켓 매진 신화는 어제오늘의 일이 아니다. 지난 2006년 3월 25~26일 세종문화회관에서 데뷔 40주년 기념 스페셜 콘서트를 가졌다. 이 공연도 티켓 예매와 동시에 전석 매진됐다. 그의 공연은 티켓 오픈과 동시에 몇 분 만에 전석 매진을 기록해왔는데, 몇 가지 사례를 들어보기로 하겠다.

지난 2017년 11월 3~5일 올림픽공원 올림픽홀에서 열린 '나훈아 DREAM 콘서트'는 7분 만에 전석 매진됐다. 2019년 5월 17~19일 서울 KSPO DOME(올림픽체조경기장)에서 열린 '2019 나훈아 청춘 어게인'도 티켓 오픈 8분 만에 전석 매진됐다.

2019년 6월부터 12월까지 개최된 '2019 나훈아 청춘 어게인' 콘서트의 일환 중 하나인 6월 29일 청주(청주대 석우문화체육관) 공연은 2분, 그리고 부산(벡스코 오디토리움)과 울산(동천체육관)·강릉(아이스아레나) 등이 3분 만에 전석 매진됐다. 또한 대구(대구 엑스코 1층) 4분, 광주(광주여대 유니버시아드 체육관)와 인천(인천남동체육관)·안동(안동체육관)·창원(창원체육관) 등이 5분 만에 전석 매진을 기록했다. 2020년 12월 부산 벡스코 제1전시장을 시작으로 서울과 대구까지 이어진 '테스형의 징글벨 콘서트', 2021년 7월부터 12월까지 대구·부산·서울에서 열린 '나훈아 AGAIN 테스형', 그리고 2021년 12월 10일부터 12일까지 부산 벡스코 제1전시장에서 열린 '나훈아 AGAIN 테스형'도 오픈과 동시 속사포 같은 매진 기록 신화를 이어갔다.

2022년 6월부터 12월까지 부산, 대전, 창원, 인천, 대구, 안동, 고양, 서울, 천안, 광주, 울산, 진주, 강릉, 청주 등 전국을 돌며 진행한 'Dream 55 나훈아 콘서트'도 거의 모든 지역에서 3분 만에 전석 매진을 기록했다. 2024년 4월 27일 인천 송도컨벤시아 전시장을 시작으로 2025년 1월 서울 KSPO DOME으로 이어지는 대장정 투어 공연 '2024 고마웠습니다-라스트 콘서트'도 전 지역에서 예매 시작과 동시에 매진됐다. 은퇴를 선언한 마지막 공연이었던 만큼 열기도 대단했다.

역사적인 '2024 고마웠습니다-라스트 콘서트'를 준비하며 나훈아는 자신의 심정을 이렇게 표현했다.

"여기까지 왔습니다. 한발 또 한발 걸어온 길이 반백 년
을 훌쩍 넘어 오늘까지 왔습니다.

마이크를 내려놓는다는 것이 이렇게 용기가 필요할
줄은 미처 생각지 못했습니다. '박수 칠 때 떠나라'라
는 쉽고 간단한 말의 깊은 진리의 뜻을 저는 따르고
자 합니다. 세월의 숫자만큼이나 가슴에 쌓인 많은
이야기들을 다 할 수 없기에 '고마웠습니다'라는 마
지막 인사말에 저의 진심과 사랑, 그리고 감사함을 모
두 담았습니다.

긴 세월 저를 아끼고 응원해주셨던 분들의 박수와 갈
채는 저에게 자신감을 더하게 해주셨고, 이유가 있고
없고 저를 미워하고 나무라고 꾸짖어주셨던 분들은
오히려 오만과 자만에 빠질 뻔한 저에게 회초리가 되
어 다시금 겸손과 분발을 일깨워주셨습니다. 모든 분
들께 다시 한번 제가 할 수 있는 가장 크고 높은 소리
로 외쳐드리고 싶습니다.

여러분, 고마웠습니다!

마지막 콘서트를 준비하면서

2024년 02월 27일

나훈아 올림"

또한 마지막 서울 공연 일정 관련 언론 보도자료에서
도 이렇게 쓰고 있다.

"-마지막 서울 공연을 준비하면서-

처음 겪어보는 마지막 무대가 어떤 마음일지 기분은
어떨지…

짐작하기 어려워도 느-ㄹ 그랬듯이 신명 나게 더- 잘해
야지

하는 마음이 가슴에 가득합니다.

활짝 웃는 얼굴로 이별의 노래를 부르려고 합니다.

여러분! 고마웠습니다.

감사합니다.

2024년 10월 04일

나훈아 올림"

음악과 팬들만 보며 달려온 노래하는 사람, 인간 나훈아의 면모를 가감 없이 보여주는 내용이라 이 책에서 인용해봤다.

둘,

공전절후의
가창력

'비강 공명' 탁월한 발성

다양한 꺾기+비브라토로 트로트 창법의 혁신 이뤄

어금니 쪽 공간 좁혀 '더 좋은 퀄리티' 소리 구사

탁월한 리듬감

소리의 강약 볼륨 조절의 신경지

'비강 공명'
탁월한 발성

공전절후(空前絶後)는 이전에도 이후에도 비교 대상이 없을 만큼 독보적이란 뜻의 사자성어다. 자연스럽게 나훈아가 오버랩되는 말이다.

나훈아의 노래를 들을 때마다 그 소리에 온몸이 진동한다. 메아리가 가슴으로 들어와 퍼지듯 파동을 일으킨다. 강건한 소리면서 유연하고, 절대 끊어질 것 같지 않은 탄력, 잡초 같은 질긴 생명력과 억센 기상이 함께한다. 그리고 무엇보다 건강한 소리다. 노래가 시작될 때부터 듣는 이를 빨아들이는 힘이 대단하다.

나훈아는 코안 쪽 공간인 비강을 울려 노래하는 발성이 탁월하다. 그의 비강 울림은 남자 가수 사상 역대급이랄 수 있을 만큼 독보적이다. 비강이 좋다는 건 그만큼 소리 위치가 좋다는 뜻이다. 몸에서 공명이 일어 성대를 타고 소리가 나오지만 그 최종적인 단계는 입술이다. 그리고 입술에서 가사가 전달되기 이전에 코 등 얼굴의 여러 부위에서 공명하며 더욱 '멋'스럽고 '맛'스러운 소리로 업데이트되는 것이다. 이만큼 여러 장점을 갖는 게 비강 공명이다. 그는 데뷔 이후 시간이 가면서 이러한 비강 울림을 더욱 자신만의 스타일로 굳혀갔다. 아마도 그는 성악가의 길을 걸었어도 대단했을 것 같다.

이러한 독자적인 비강 울림을 통해 나훈아식 소리를 만들었고, 이를 토대로 소리를 누를 때 잘 누르고 터트릴 때도 확실하게 터트리는 가창을 선보였다. 부드러운 결의 저음은 당대 그 어떤 가수들보다 풍부한 소리를 연출했고, 중음에선 한 치 흠을 찾을 수 없을 만큼 높은 밀도로 단단하게 뻗어갔다. 이처럼 아랫소리가 탄탄하게 받쳐주므로 고음 또한 알차고 옥탄가 높은 소리를 창출할 수 있었다.

다양한 꺾기+비브라토로
트로트 창법의 혁신 이뤄

데뷔 때부터 야성적 이미지를 견지하고 있는 나훈아는 성량이 풍부하고 힘도 좋다. 탁 트인 육성을 중심으로 흉성적 깊이와 비성, 그리고 두성까지 고루 안배해 노래한다. 소위 '나훈아식 꺾기'는 그의 대표적인 창법 특징이다.

꺾기는 일종의 꾸밈음과 같은 방식으로, 음악에 멋을 더해주는 기능을 말한다. 꺾기 테크닉은 아래 음에서 위로 음정을 올리거나 위에서 아래로 음역을 내릴 때 등 다양한 구간에서 사용하며 멜로디를 다채롭게 강조한다. 이를 통해 노랫말을 더욱 극적으로 표현한다.

꺾기는 〈아리랑〉, 〈한오백년〉 등 민요에서도 들을 수 있지만, 방식에 있어 트로트의 꺾기와 차이가 있다. 트로트의 꺾기가 더 직접적이고 강렬하다. 그만큼 트로트 가수로서의 정체성 특징을 잘 드러내는 부분이기도 하다.

트로트의 기교는 마치 요들송이나 성악의 콜로라투라와 같이 성대 근육과 구강 근육들의 미세한 조절이 필요하다. 꺾기를 잘하는 가수의 경우 순간적인 떨림을 조절하는 순발력이 좋다. 한국 트로트 사상 가장 깊고 역동적으로 꺾기 창법을 구사한 가수가 나훈아다. 〈해변의 여인〉을 비롯한 많은 유명 곡에서 그의 명품 꺾기를 감상할 수 있다.

트로트의 꺾기는 서구의 R&B식 꺾기와는 다르다. 우리의 민요와 국악 등 전통적인 음악풍에 기반을 둬 그 자신이 독창적으로 만든 '나훈아표 꺾기'는 가히 국보급이라 할 만하다. 꺾기를 잘하려면 일단 목에 힘이 들어가지 않고 잘 풀려 있어야 한다. 그만큼 나훈아는 역동적인 노래를 함에도 오히려 목의 유연성이 돋보인다.

그는 국악의 판소리·민요 발성에서 힌트를 얻은 꺾기와 서양의 포르타멘토—한 음에서 다른 음으로 옮겨갈 때 미끄러지듯 부드럽게 잇는 기술—를 자신만의 스타일로 병행했다. 이러한 독보적 발성과 창법은 한국 대중음악 보컬사에 길이 빛날 유산이다.

인기 작곡 듀엣 '알고보니 혼수상태'는 필자에게 "트로트의 꺾기는 어렸을 때부터 (어느 정도) 학습이 돼야 자연스럽게 나올 수 있다"며 "노력만으론 한계가 있다"고 말했다. 이 말은 곧 트로트에선 꺾는 포인트마저 인생을 담아내는 다양한 노력이 내재돼 있다는 뜻이다. 탁월한 가창력뿐 아니라 이러한 삶의 경험을 얼마나 잘 녹여 꺾느냐에 따라 극적인 포인트를 더 줄 수 있다는 것이다.

나훈아는 독보적인 꺾기와 비브라토(바이브레이션)로 숱한 명곡을 선보였다. 〈고향역〉은 노래 초반부터 깊고 큰 폭으로 떨어대는 나훈아식 비브라토가 빛을 발한다. 비브라토는 소리의 조미료와 같은 것이다. 음을 좀 더 오래 끌 수 있게 하고 소리를 안정적으로 낼 수 있게 한다. 예를 들어 고음을 지속하고 싶을 때 비브라토를 사용하면 좀 더 고음역을 유지할 수 있는 것이다. 이때 비브라토는 음정 불안 또는 음역이 떨어질 수 있는 걸 방지하는 기능을 한다.

또한 바이브레이션은 각 가수의 색깔, 창법 스타일을

특징짓게 해주기도 한다. 쉐프가 자신만의 명품 요리를 선보일 때 특유의 레시피로 맛을 더하듯 가수 또한 자신만의 바이브레이션으로 노래의 특정 부분에서 자신만의 감정을 표출한다. 이런 점에서 바이브레이션, 즉 비브라토는 각 가수만의 레시피이기도 하다. 제프 벡(Jeff Beck), 에릭 클랩튼(Eric Clapton), 게리 무어(Gary Moore) 등 명기타리스트의 연주를 들을 때 그만의 벤딩이나 비브라토 스타일로 자신이 누군지 알 수 있게 한다. 비브라토는 보컬리스트는 물론 음악을 하는 모든 아티스트에겐 자신만의 레시피이자 표식인 것이다.

나훈아의 비브라토는 대중가요 사상 가장 강력하고 헤아릴 수 없는 깊이를 자랑한다. 그는 이러한 비브라토와 꺾기를 동시에 구사하며 맛스럽다가도 때론 아찔할 만큼 드라마틱한 순간을 체험케 하는 것이다. 이러한 그의 현란한 창법은 마치 카레이싱의 '헤어핀'—레이싱에서 급격한 각도로 휘어진 커브 구간— 질주가 연상되기도 한다.

이처럼 그는 매우 느린 속도로 천천히 감정을 주입해가는 바이브레이션에서 매우 큰 음정 격차를 오가며 폭발적으로 떨어대는 바이브레이션에 이르기까지 온갖 바이브레이션 창법을 선보였다.

《월간조선》 2002년 1월호 인터뷰에서 나훈아는 자신이 나오기 전까지 가요계엔 뒤집고 꺾고 하는 소위 '꺾기' 창법이 없었다고 말했다.

"제가 나오기 전엔 뒤집고 꺾고 하는 게 없었습니다. '거리는 부른다. 환희에 빛나는…' 또 '헤어지면 그리웁고 만나보면 시들하고…' 이렇게 얌전하게 불렀지요. 저처럼 (노래) '가지 마아오오 가지 마아오오…' 이렇게 꺾는 게 없었어요."

이러한 나훈아식 꺾기 창법에 대해 그는 "어릴 때부터 민요를 좋아했다"며 "어머니가 제 손을 잡고 민요하는 데 자주 데리고 가셨다. 그때 그런 창법이 몸에 익숙해진 것이다. 꺾는 창법이 민요에서 나온 것"이라고 설명했다.

또한 이 인터뷰에서 나훈아는 흥미로운 말을 했다. "뽕짝은 김치 같다"며 "우린 김치 안 먹고 못 살아요. 뽕짝 없이도 못 살지요. 제가 일본 가선 이렇게 말합니다. '한국 뽕짝은 김치다, 일본 뽕짝은 다꾸앙(단무지)이다.'

그럼, 사람들이 와 웃습니다. 대중가요가 우리 서민의 마음을 노래하는 것이기 때문에 간단하게 표현하기는 어렵습니다만, 노래라는 것은 기후, 인간성, 지역적 조건, 음식, 이런 것에 따라 달라집니다"라고 말했다. 트로트뿐 아니라 음악 전반을 이해하는 데 좋은 표현이라 여겨져 이 책에 인용해봤다.

어금니 쪽 공간 좁혀
'더 좋은 퀄리티' 소리 구사

성악은 물론 대중가요의 보컬트레이너들도 목을 사용하는 발성을 지양한다. 대신 윗어금니를 들어 올리며 호흡을 쓰는 발성을 하면 입 안의 공간이 많이 생기고 목에 부담을 덜 주므로 이러한 방식을 권장하고 있다. 어금니 쪽을 많이 사용하라는 발성법은 오래전부터 성악은 물론 가요 발성에서 강조하고 있는 것이기도 하다.

그런데 나훈아는 어금니 쪽의 공간을 좁혀 소리를 구사하고 있다. 이렇게 좁혀 소리를 내면 그에 따른 장점도 있지만 신체적 한계가 따른다. 즉 젊을 땐 이런 방식이 문제될 게 없지만 치아와 잇몸이 약해지는 중장년 때엔 사정이 달라진다.

나이를 먹으며 소리의 힘이 빠지고 치아도 벌어지는 만큼 호흡이 셀 수 있는 것이다. 따라서 중장년 이후엔 이런 소리 방식을 고수하는 게 쉽지 않다. 그러나 나훈아는 70을 훌쩍 넘겼음에도 여전히 이런 방식으로 노래 부르는 걸 알 수 있다. 노화에 따른 신체적 한계를 쉼 없는 연습과 자기관리로 컨디션을 유지해가고 있는 것이다.

탁월한
리듬감

리듬감도 탁월하다. 부드럽지만 비트가 부각되는 곡에서도 유연하게 흐름을 유지한다. 리듬감이 좋다는 건 발음이 좋다는 것과 같다. 리듬을 잘 타지 못하는 가수들의 노래는 발음도 정확하지 않게 들리지만, 리듬감이 좋은 가수의 노래는 발음도 정확하게 잘 들리는 것이다. 하늘을 뚫을 만큼 강력한 소리를 구사할 때나, 추위에 얼어있는 자식의 손을 따뜻하게 호호 불어주듯 부모의 따뜻한 사랑이 담긴 듯한 부드럽고 여린 소리를 구사할 때나 나훈아의 리듬감은 탁월하게 흐르며 마치 딕션의 모범을 보여주는 듯하다.

혹자는 나훈아가 강한 소리에서만 발군이라고 말하기

도 한다. 그러나 편견일 뿐이다. 격정적인 부분은 물론 부
드럽게 노래해야 하는 곡에서도 그는 강과 약이라는 소
리 볼륨 조절 능력이 탄복할 만하다.

악보 기호 가운데 크레셴도(crescendo)와 데크레셴도
(decrescendo)라는 지시어가 있다. 크레셴도는 갈수록 점
점 세게 노래(연주)하라는 것이고, 데크레셴도는 점점 약
하게 노래하라는 뜻이다. 크레셴도는 차분하고 약하게 시
작해 절정으로 가며 소리를 더욱 강렬하고 폭발적으로
터트리는 가장 일반적인 가창 방법으로, 1970년대의 유
명 가수들에서부터 현재에 이르는 많은 솔로 가수 가창
에서 들을 수 있다. 반면 데크레셴도는 절정으로 치달으
며 강하게 부르는 방식에서 서서히 힘을 빼며 소리를 점
점 약하게 진행하는 방식이다. 크레셴도에 익숙한 많은
가창자에겐 낯설고 쉽지 않다.

생활 속에서 예를 들어보기로 하겠다. 100m 달리기를
할 땐 스타트부터 쉬지 않고 속도를 올리며 전력 질주해
야 한다. 짧은 구간에서 스피드를 겨루는 단거리 경주이
기 때문이다. 이때 출발선에서 중반까지 있는 힘을 다해
속도를 높이는 게 곧 크레셴도와 같은 것이다. 그러나 중

반까지 전속력으로 달리다가 갑자기 속도를 점점 늦추며 뛰라고 한다면? 이미 몸에 가속도가 붙을 대로 붙은 상태인데 여기에서 속도를 점점 빼며 달린다는 건 매우 어려운 일이다. 의자에 앉아있다가 '빠른' 속도로 일어서는 것보다 서있는 상태에서 '느린' 속도로 앉는 게 더 힘들다. 가파른 길도 올라갈 때보다 내려갈 때가 더 어렵다. 허리는 물론 무릎과 허벅지 등 하체 여러 부위에 더 부담을 주기 때문이다.

전통적인 트로트를 노래할 때의 초기 나훈아 또한 크레센도 발성이 많았다. 그러나 시간이 지나며 그의 노래엔 리듬을 살짝 당기거나 하면서 소위 '리드믹'을 강조하는 패턴이 자주 보이기 시작했다. 이와 함께 데크레센도 발성으로 소리를 표현하는 빈도도 많아졌다. 특히 후반으로 오며 이러한 데크레센도 발성을 눈에 띄게 자주 접할 수 있게 됐다. 타고난 소리 고수가 이제 마치 소리 위에서 소리를 '부리는' 경지로 오른 것이다. 관련 내용은 곡을 해설한 각 파트에서 구체적으로 다루었다.

2000년대로 들어서며 삶과 인생을 철학적 통찰로 노래하는 빈도도 많아졌는데 데크레센도 발성도 이때부터 자주 접할 수 있다. 이즈음부터 싱코페이션을 비롯한 여러 리듬 처리를 강조하며 노래를 듣는 또 다른 재미를 불어넣었다. 싱코페이션은 리듬을 반 박자 당긴다고 해 '당김음'이라고도 부른다. 강박을 약박의 자리로 당겨 악센트가 뒤바뀌는 만큼 리듬에 활력을 불어넣는 역할을 한다. 어택이 필요한 구간에선 리듬을 잘 타는 가운데 강약 조절을 능란하게 하고, 한 음 또는 반 음 정도 빠르게 끌어올리거나 내리는 적절한 벤딩 기술로 노래의 맛과 흐름을 잘 살린다.

세션 드러머이자 '이승철 밴드' 멤버인 이상훈은 이렇게 말했다.

"저를 비롯한 드러머들은 단순한 8비트보다 미디엄 템포의 펑키한 그루브를 좋아합니다. 무엇보다 펑키한 리듬은 연주하기가 재미있기 때문이죠. 〈무시로〉, 〈잡초〉 등이 바로 이런 성향의 대표적인 곡입니다. 이후 〈테스형!〉에 이르기까지 나훈아가 보여주는 스타일은 그래서 더욱 멋지고 대단하죠. 몇 년 전 나훈아의 〈자네! (8자는 뒤집어도 8자)〉라는 곡의 레코딩 세션을 한

적이 있어요. 이 곡은 성인가요라기보다 펑키한 타입의 리듬에 가까운 작품입니다. 음악 자체는 트로트지만 편곡하는 과정에서 펑키하고 모던한 스타일로 풀어낸 것이죠. 이처럼 나훈아는 많은 곡을 통해 가사와 멜로디는 트로트지만 그걸 성인가요식으로 평이하게 풀지 않고 펑키 리듬 등 다채롭게 변화를 주며 리드믹하게 사운드를 연출하는 역량이 대단합니다."

나훈아는 지난 1993년 임성훈·장윤정 진행의 토크쇼 KBS 2TV 〈밤으로 가는 쇼〉에 출연한 적이 있다. 이 방송에서 나훈아는 시청자들에게 노래를 잘 부를 수 있는 방법에 대해 말했다. 참고할 가치가 있어 이 책에 소개하고자 한다.

이 방송에서 나훈아가 노래를 잘하기 위한 팁으로 언급한 내용은, ① 노래 부를 때 입이 크면 유리하고, ② 목소리의 좋고 나쁨보다 자신만의 개성적인 음색을 녹여내는 것이 중요하며, ③ 배에 힘을 주어야 하고, ④ 노래는 리듬을 타야 하기에 가만히 서 있기보다 머리와 어깨를 부드럽게 흔들며 불러야 한다는 등 네 가지로 요약할 수

있다. 이 방송에서도 리듬의 중요성을 강조하고 있는 것
이다.

소리의 강약
볼륨 조절의 신경지

이 모든 건 다이내믹(dynamic)의 탁월함이기도 하다. 다이내믹은 음량의 대조를 통해 다양한 정서를 표현하는 방법이다. 여기엔 소리 세기의 대비와 강조, 그리고 점차 변화를 주며 디테일을 더하는 방법 따위가 있다.

예를 들어 소리를 점점 크게 또는 점점 작게 부르면서 노래를 표현한다거나, 해당 곡의 핵심이 되는 가사에 포인트를 줘 그 부분을 강조하고, 멜로디의 흐름과 그에 따른 다채로운 감정선을 호흡 처리와 함께하며 노랫말이 말하는 메시지를 효과적으로 연출하는 것 등이 모두 다이내믹의 일환이다. 오케스트라를 이끄는 명지휘자들의 공통적인 특성이 바로 이러한 다이내믹과 아고긱(agogik)이 탁월하다는 것이다.

처음 한두 마디만 들으면 어떠한 장르인지 구분하기 힘든 노래도 있다. 그러나 트로트는 시작부터 확실하게 트로트라고 말한다. 어떠한 포장도 없다. 노골적이고 쉬운 표현으로 특정 주제를 노래한다. 그러다 보니 노랫말과 멜로디 진행이 너무 익숙해 '클리세'로 들릴 수도 있다. 가창자가 상대를 미워하는 심정을 너무 절절하게 불러, 듣고 있으면 그가 진짜 너무 못된 놈이라 여겨질 정도다. 은유적으로 표현하는 게 아니라 돌직구식의 접근이지만 바로 이런 게 트로트의 매력이다.

이러한 직선적 표현은 듣는 이에게 스펀지에 물이 스며들듯 빠른 속도로 전이된다. 트로트만의 매력이자 강력한 힘이다. 트로트에서 꺾기, 바이브레이션 등 몇몇 발성 기술을 중요시하는 이유도 이처럼 감정 표현을 더욱 짙게 하는 데 가장 효과적으로 사용할 수 있는 방식이기 때문이다. 여기에 소리의 강약에 디테일을 더해가며 조절할 역량을 갖춘다면 더욱 감동적인 표현이 나올 수 있는 것이다.

꺾기와 바이브레이션은 일반 가요와 트로트 창법을 구

분하는 가장 중요한 요소로 트로트만의 독특한 표현 방식이다. 이러한 가장 '트로트스러운' 창법, 하지만 결코 진부하지 않고 가장 높은 수준의 기술적 표현과 형식의 완성을 볼륨 컨트롤과 병행하며 보여준 게 나훈아다.

음악·문학·미술 등 모든 예술은 사람들이 바라본 시간에 따라 생겨난 풍경처럼 고유한 자신의 빛깔을 갖는다. 그룹 예스(Yes) 출신의 명보컬 존 앤더슨(Jon Anderson)의 시간이 꿈속에서 헤매는 환상과 신비라면, 에릭 클랩튼의 시간은 모든 걸 받아들이는 관용과 포용의 따뜻함이고 톨스토이의 시간은 추수가 끝난 풍요와 여유, 스탕달의 시간은 랭보처럼 '동트는' 시간이며 플로베르의 시간은 보들레르처럼 저무는 태양이다. 이처럼 모든 예술가와 그들의 작품엔 고유의 빛깔이 있는 것이다. 그리고 이 빛깔이 작품을 접한 이후에도 오랫동안 향기로 남으며 감동이란 추억을 쌓게 한다.

나훈아의 시간은 노을과 많이 닮아있다. 노을은 해가 뜨거나 질 무렵 하늘이 햇빛에 물들어 벌겋게 보이는 걸 말한다. 태양이 지평선 근처에 있을 때 대기를 통과하는 빛의 산란 현상으로, 붉은색과 주황색으로 하늘이 물드는 자연 현상이다. 물론 나훈아의 많은 곡 중에선 활기차게 아침을 맞이하거나 나른함을 날릴 수 있는 노래들도 있지만, 나훈아 음악 세계를 특정할 수 있을 만큼 대표성을 띠는 게 바로 이 노을의 빛깔이다.

일몰 즈음의 풍경은 그만큼 더할 나위 없이 보는 이로 하여금 다양한 감성을 불러일으키게 한다. 일출 노을 풍경 또한 마찬가지다. 노을=나훈아, 그의 빛깔이 더 깊고 다채로운 인상으로 다가오는 이유다.

셋,

그만의
퍼스널리티

타고난 역량, 그러나 자만하지 않는 연습벌레

카리스마, '상남자'의 전형

그리고 완벽주의

타고난 역량,
그러나 자만하지 않는 연습벌레

　　명지휘자 카라얀(Herbert von Karajan)은 학생 시절 자신이 존경하는 토스카니니(Arturo Toscanini)의 지휘를 보기 위해 자전거로 수백 킬로를 달려 바이로이트까지 가 〈탄호이저〉 공연을 관람했다. 나훈아의 열정도 이에 뒤지지 않는다.

　　나훈아의 아버지는 무역선 선원이었다. 아버지가 외국에서 사 온 축음기가 집에 있었기 때문에 어릴 때부터 이걸로 여러 음악을 접할 수 있었다. 어릴 때 꿈은 성악가였다. 초등학교 5~6학년 때 부산시 교육위원회 개최 콩쿠르에서 두 차례나 우승할 만큼 전도유망한 성악 꿈나무였다. 그러나 대중가요를 부르는 가수로 꿈을 바꾸었다.

한동훈은 당대를 대표하는 작곡가 겸 샹송 가수로 명성을 날리고 있었다. 남일해, 오기택, 최희준, 문주란, 조영남 등 많은 가수의 히트곡을 작곡했다. 워낙 인기가 많은 만큼 당시 한동훈 작곡가의 음악학원에 수강생들도 가장 많이 몰렸다. 남진, 이상열, 문정선 등 많은 가수가 이곳을 거쳤다. 나훈아 역시 서라벌고등학교에 입학한 지 얼마 안 돼 한동훈 작곡가의 음악학원을 찾았다.

당시 한동훈 밑에서 음악을 배우며 조교로 활동한 인물이 정경천이다. 일명 '정차르트'라는 예명으로 유명한 정경천은 나훈아, 현철, 주현미, 이선희 등 많은 명가수와 작업한 한국 가요사의 전설적인 편곡·작곡가다. 정경천 편곡가는 필자와 인터뷰에서 "당시 한동훈 작곡가는 대한민국에서 샹송에 가장 조예가 깊었다"며 "노래도 최고, 음악 실력도 최고였다"고 회상했다.

정경천은 한동훈 작곡가 밑에서 3~4년 조교 일을 했다. 당대 유명 가수는 한동훈 작곡가가 직접 지도했고, 아직 유명해지기 전의 재능 있는 신인들은 정경천이 지도하는 식이었다. 당시 정경천에게 노래 지도를 받은 사람 중엔 서라벌고에 재학 중이던 나훈아도 있었다. 이외에 이상열, 문정선 등 많은 가수가 정경천에게 배웠다고 한다.

　정경천은 당시 고교 1학년이던 나훈아가 노래를 배우기 위해 학원을 찾았을 때의 기억이 지금도 생생하다. 나훈아에 대한 첫인상이 너무 강렬했기 때문이다.

　"고등학교 1학년이던 나훈아가 한동훈 음악학원을 찾아 제 앞에서 처음 불렀던 곡이 〈비내리는 호남선〉과 〈목포의 눈물〉이었습니다. 듣는 순간 너무 잘해 깜짝 놀랐어요. 그렇게 노래 잘 부르는 고등학생을 처음 봤기 때문이죠."

　그래서 정경천은 다른 수강생들보다 나훈아를 더 신경 써서 가르쳤다고 한다. 나훈아는 거의 매일 한동훈 음악학원에 와서 제일 열심히 연습했다. 당시 학원에서 배우던 그 어떤 수강생들보다 노래 실력이 월등히 좋은 나훈아인데도 '연습벌레' 이상으로 어마어마하게 연습에 매진했던 것이다. 수강생들 사이에선 "저 아이는 노래를 저렇게 잘하는데도 연습까지 너무 열심히 하네. 대단하다"는 말이 나올 정도였다.

이처럼 학생 때부터 노래 실력이 탁월한 일화는 또 있다.《뉴스메이커》는 2010년 12월 7일 자 기사에서 이렇게 보도하고 있다.

"나훈아와 서라벌고 1학년 때 같은 반이던 이목일 화백은 '1학년 때 우이동 골짜기로 봄 소풍을 갔었어요. 그때 홍기(나훈아의 본명)가 〈이별의 부산 정거장〉을 불렀는데 함께 소풍 왔던 이웃 동덕여고생들까지 환호성을 질러 골짜기가 온통 함성으로 뒤덮였던 기억이 생생합니다. 결국 이후 가수로 데뷔한 이 자랑스러운 홍기를 위해 친구들이 너도나도 엽서를 사서 방송국에 신청곡을 보내던 기억이 새롭습니다'라고 당시를 회고했다."

이처럼 나훈아는 학생 때부터 돋보이는 가창력의 소유자였지만 절대 자만하지 않고 연습에 매진했다.

《월간조선》 2002년 1월호 인터뷰에서 나훈아는 노래로 감동을 주는 자신만의 비결로 '연습'을 들었다.

"우리는 돈을 받고 노래합니다. 받은 값은 해야지요. 값은 그냥 안 나옵니다. 피나게 연습을 해야만 특별한 게 나옵니다."

2020년 10월 3일 오후 10시 30분 방송된 KBS 2TV 〈대한민국 어게인 나훈아 스페셜-15년 만의 외출〉은 2020년 9월 30일 방영된 〈2020 한가위 대기획 대한민국 어게인 나훈아〉 공연을 준비하는 과정을 그렸다. 첫 연습 당시 나훈아는 스태프들에게 "54년째 가수로 살아왔는데 연습만이 살길이고 연습만이 특별한 것을 만들어낸다고 생각한다"고 말했다. 여전히 연습을 중시하는 나훈아의 단면을 알 수 있게 한다.

2020년 12월 4일 방송된 MBN 〈인생앨범-예스터데이〉에 출연한 송창식은 "난 나훈아를 존경해. 그 사람도 매일 연습한다"고 칭찬을 아끼지 않았다. 옆에 있던 이상벽은 "어딜 가든 송창식의 연습실은 따로 줘야 된다. 연습을 제일 열심히 한다. 나훈아든 송창식이든 그냥 만들어지는 게 아니다"라고 말했다.

카리스마,
'상남자'의 전형

남성다운 강인함과 리더십, 카리스마를 지닌 사람을 흔히 '상남자'로 지칭한다. '남자 중의 남자'라는 뜻이다. 나훈아는 상남자 개념에 가장 잘 어울리는 아티스트다.

사내는 강하고 책임질 줄 알아야 한다는 게 그의 신조다. 1976년 영화배우 김지미와 결혼했지만 1982년 이혼했다. 김지미와 헤어질 때 일화는 유명하다. 당시 나훈아는 "여자는 돈이 없으면 살 수 없을 것"이라며 전 재산을 위자료로 넘겨 두고두고 화제를 모았다.

〈조약돌〉, 〈친구야 친구〉 등을 부른 가수 겸 방송 진행자 박상규는 닉네임이 막둥이였다. 이문세는 1980년대 중반부터 1990년대까지 10년간 MBC FM 〈별이 빛나는 밤에〉를 진행하면서 '밤의 문교부장관'이란 별명을 얻기도 했다. 가수 송창식은 별명이 '송구라'였다고 방송에서 밝힌 바 있다.

음악 관계자들 사이에서 나훈아는 '회장님'으로 불린다. 아주 오래전부터 그를 이렇게 불렀다. 오아시스레코드 시절 음악을 하던 사람들의 모임이 있다. 여기 멤버들이 나훈아를 '회장님'으로 호칭하면서 생긴 닉네임이다. 나훈아보다 나이가 많은 사람일지라도 이 모임에선 나훈아 관련 모든 호칭이 회장님으로 통일돼 있다. 그만큼 음악 지존에 대한 예우를 깍듯하게 하고 있는 것이다. 모임의 멤버 모두 당대 가요계를 호령한 음악가들이다. 그들조차 마음에서 우러나왔기 때문에 이런 호칭이 자연스럽게 나왔던 것이다.

나훈아를 가리켜 한때 '오야지'라고 부르기도 했다. 오야지는 일본어로 '아버지', 건설 현장의 작업조 '우두머리'를 뜻한다. 아주 오래전 나훈아의 매니저가 그를 이렇게 부르면서 잠깐 관계자들 사이에서도 유행한 바 있다. 그러나 이후 현재까지 나훈아를 부르는 호칭은 '회장님'이다.

2020년 10월 3일 방송된 KBS 2TV 〈대한민국 어게인 나훈아 스페셜-15년 만의 외출〉에서 나훈아는 이렇게 말했다.

"가수라는 직업을 가진 사람들은 영혼이 자유로워야 한다고 생각한다. 훈장을 목에 걸면 그 무게를 견딜 수 없다는 말과 신비주의라니 가당치 않다. 꿈이 가슴에 고갈된 거 같아 11년 동안 세계를 돌아다녔다."

"호를 '유(流)'에 행할 '행(行)', 노래 '가(歌)'. 나는 '유행가' 가수다. 남는 게 웃기는 거다. 〈잡초〉를 부른 가수, 〈사랑은 눈물의 씨앗〉을 부른 가수, 흘러가는 가수. (유행가 가수가) 뭐로 남는다는 거 자체가 웃기는 얘기다."

관계자들에 의하면 나훈아는 음악과 관련된 게 아닐 경우 사소한 일과 소문 등에 대해선 별로 신경 쓰지 않는 스타일이라고 한다.

공연이 끝나면 피로와 허탈함이 몰려오는 법이다. 따

라서 쉬는 게 일반적이다. 그러나 나훈아는 공연이 끝나면 회식 자리로 이동하기 전 차에서 작사·작곡을 한다. 김기표 감독은 필자에게 이렇게 말했다.

"가끔 공연 끝나고 나훈아와 함께 노래방을 간 적이 있어요. 그러면 그분은 장시간 공연으로 피곤했을 텐데도 노래방에서 쉴 새 없이 노래를 부르세요. 그만큼 피로를 모르는 목 상태의 소유자란 거죠. 정말 타고난 분입니다."

또한 김기표 감독에 따르면 나훈아는 평소에도 흐트러짐이 전혀 없다고 한다. 후배에게 자상하고 인간적이지만 이러한 '흐트러짐 없는' 면모가 여전히 그를 하늘 같은 어려운 선배로 보이게 하는 것이다.

심상원은 국내를 대표하는 세션 스트링 팀 '융스트링' 악장이자 변진섭 〈너와 함께 있는 이유〉와 코요태 〈파란〉, 〈비상〉을 비롯해 엄정화, 조관우, 홍경민, 김현정, 베이비복스, 백지영, 양파 등 많은 가수의 노래를 쓴 작곡가이기도 하다. 그는 필자와 인터뷰에서 재미있는 일화를 전했다.

심상원 악장은 "아마 〈테스형!〉 녹음 때인 걸로 기억한다"며 "당시 나훈아가 추리닝(트레이닝)을 입고 스튜디오에 왔다"고 했다. 주변에서 단원들이 왔다 갔다 하며 나훈아를 본 순간 깜짝 놀란 듯하더니, (마치 부끄러워 외면하듯) 바쁘게 움직이자 나훈아가 "심 단장, 쟤들이 나를 모르나?"라고 물었고, 심상원은 "너무 어려워서 그러는 거지요. 왜 모르겠습니까"라고 답했다고 한다. 그만큼 나훈아는 젊은 음악인들에겐 쳐다보기도 어려운 거대한 산맥 같은 존재인 것이다.

세션 녹음이 끝나고 나훈아는 작업 스태프들에게 저녁을 샀다. 인원이 많고 적고를 떠나 나훈아는 함께한 스태프들에게 지극정성을 다하는 걸로 유명하다. 김기표 감독은 "스태프들을 잘 챙겨주는 건 대한민국에서 나훈아가 최고"라고 말할 정도였다.

융스트링 단원들과 함께 식사하러 간 나훈아는 한 시간 정도 있다가 관계자에게 자신의 카드를 건네주며 "맛있는 거 많이 사주고 잘 대접하라"고 말하곤 자리를 떠났다. 미모의 20대 여성 단원들이 여럿 자리하던 만큼 일반적이라면 좀 더 함께 시간을 즐기려고 했을 것이다. 그러나 나훈아는 한 시간이 지나 정확하게 자리에서 일어났다. 심상원 악장은 "나훈아 님의 그 절제력, 카리스마는 지금도 잊을 수 없다"고 말했다.

앞에서도 말했듯 나훈아 공연은 관계자들조차 탄복을 금치 못할 만큼 최고의 퀄리티를 보여주는 것으로 유명하다. 많은 가수를 세션한 유명 기타리스트이자 TV조선 〈트롯 올스타전 수요일밤에〉의 출연진을 반주하는 하우스밴드 마스터인 노경환은 이렇게 말했다.

"공연을 많이 보고 세션도 많이 하다 보니 가수들이 무대에서 어느 정도 자신감을 갖고 있나 가늠이 됩니다. 그런데 나훈아는 무대에 서는 순간부터 충만한 자신감이 폐부에 와닿을 정도죠. 전혀 다른 차원의 레벨이라 해도 좋을 만큼 대단한 에너지가 느껴지는 겁니다. 다른 어떠한 공연에서도 본 적 없는 놀랄 만한 무대 장악력이에요."

권현진은 남진을 비롯해 많은 가수의 레코딩과 라이브

세션을 하고 있는 미모의 베테랑 세션 코러스 보컬리스트다. 유명 편곡가 남기연이 남편이기도 하다. 나훈아의 카리스마가 얼마나 대단했나 알 수 있게 하는 재미있는 일화가 있다.

권현진은 2000년대 초 MBC 합창단에서 활동했다. 당시 MBC 합창단은 나훈아 공연 코러스를 전담했었다. 따라서 권현진도 나훈아의 여러 무대를 함께할 수 있었다. 그런데 당시 20대였던 권현진은 무대에서 노래하는 나훈아의 모습에 넋을 잃고 말았다. 나훈아의 카리스마에 푹 빠져버린 것이다. 나훈아 공연의 세션 코러스를 한 이후로 그녀는 40년의 나이 차를 극복하고 당시 60대였던 나훈아와 사귈 수도 있었을 것이라고 말할 정도로 감동했다고 한다. 권현진은 연애할 때부터 남기연에게 이 말을 자주 했고 이후 결혼해서 지금까지도 종종 "20대였지만 60대의 너무 멋진 카리스마의 나훈아와 사귈 수도 있었을 것"이란 얘기를 입버릇처럼 할 정도다. 지금까지도 아내에게 이런 말을 듣는 남편의 심정은 어떨까 궁금했는데 남기연 편곡가의 대답이 의외였다.

"그만큼 대단하신 레전드만의 카리스마이기 때문이죠. 아마 제가 여자였더라도 반했을 겁니다."

보아 〈넘버1〉, 백지영 〈사랑 안해〉, 소녀시대 〈소원을 말해봐〉, 송대관 〈네박자〉, 장윤정 〈어머나〉, 나훈아 〈테스형!〉을 비롯해 이승철, 조성모, 핑클, 씨스타, 카라, 오마이걸 등등 셀 수 없이 많은 곡에서 코러스 세션을 한 '국민코러스' 김현아는 필자에게 이렇게 말했다.

"나훈아 님의 〈홍시〉가 나오던 무렵이었어요. 녹음하러 스튜디오에 갔는데, 아무것도 없길래 좀 당황했죠. 통상적으로 녹음실에 가면 이미 노래가 돼 있는 상태여야 하고 거기에 맞춰 살(코러스)을 붙이는 것인데, 노래가 없었던 거죠. 잠시 후 나훈아 님이 오시더니 조금만 기다리라며 녹음실로 들어가 노래를 한 번에 부르고 나오는 것이었어요. 그런데 손을 댈 게 없을 만큼 좋았습니다. 자신이 직접 곡을 쓰고 노래하기 때문에 그 곡이 요구하는 걸 완벽하게 하는 것 같았어요. 저는 거기에 코러스를 입히는 정도였고 이런 식으로 금세 작업이 끝났던 게 지금도 기억에 남습니다. 무대에서 볼 수 있는 나훈아 님 특유의 추임새(몸짓)도 녹음실에서 똑같이 나와, 지금도 기억에 남습니다."

이 말 또한 상남자 카리스마의 전형을 암시하고 있다.

김현아의 어머니는 나훈아의 모든 공연을 빼놓지 않고 보러 다닐 정도로 열혈 팬이다. 김현아는 어머니에게 선물하고자 녹음실에서 나훈아에게 사인을 부탁했고 나훈아는 억센 경상도 사투리로 "내는, 지가 사인해달라는 사람은 웁고 다 음마, 이모가 받아달란다 카드라"라고 말하며 사인해줬다고 한다.

〈울긴 왜 울어〉를 계기로 김기표 감독은 나훈아와 관계가 돈독해졌다. 김기표가 술을 좋아하는 걸 아는 나훈아는 "집에 좋은 술이 있으니 놀러 오라"고 할 정도였다. 김 감독은 나훈아의 집으로 가 새벽까지 기타 치고 노래하면서 많은 음악 얘기를 나누기도 했다. 가까이 가기에 힘든 '상남자' 나훈아지만 이처럼 친한 사람과는 벽을 두지 않고 소통하기도 하는 것이다.

'폼생폼사'는 폼에 살고 폼에 죽는다는 뜻이다. 고려대

한국어대사전에 의하면 "폼에 살고 폼에 죽는다는 뜻으로, 겉으로 드러나는 멋을 최우선 순위로 두는 태도나 생각을 속되게 이르는 말"이다. 그러나 폼생폼사는 긍정적인 의미도 크다. 자존심과 스타일을 매우 중시하는 아티스트에게 이러한 표현을 쓰기도 한다.

2021년 12월 14일 《비즈엔터》는 나훈아 관련 흥미로운 기사를 게재했다. 아래는 그 내용이다.

"나훈아는 과거 뉴욕, 애틀랜틱시티 등 미국 동부 지역에서 있었던 미주 투어 섭외를 받았던 당시, JFK 공항 내리는 곳에 빨간 카펫을 깔아주고, 숙소인 애틀랜틱시티 트럼프 프라자 호텔까지 헬리콥터로 이동해야 한다는 조건을 내세웠다는 일화를 소개했다. 다른 건 몰라도, '가오(멋)'가 떨어지면 안 가야겠다는 마음이었다. 대한민국 대표 트로트 가수로서 자존심을 세우는 것이 우선이었다."

그리고
완벽주의

　나훈아와 작업했던 여러 관계자가 이구동성으로 하는 말이 있다. 레코딩을 할 때건, 라이브를 할 때건 끊임없이 디테일을 더해가며 완벽 또 완벽을 추구하는 아티스트라는 것이다.

　스튜디오에서 녹음 작업을 할 땐 세션 연주자에게 특정 부분을 언급하며 아이디어를 제시한다. 나훈아 자신이 쓴 곡인 만큼 그보다 더 곡을 잘 이해하는 사람도 없다. 당사자가 현장에서 영감을 받아 언급하는 것이므로 당연히 설득력도 좋을 수밖에 없다. 악보에 없는 새로운 것들이 계속 추가되는 가운데 더욱 깊고 다채로운 표정으로 작품이 나오는 것이다. 오죽하면 일부 관계자들이

"크레딧엔 나훈아 작사·작곡으로 기재됐지만 편곡료까지 따로 챙겨드려야 합당하다"란 말을 할까. 이처럼 많은 곡이 그의 현장 지휘(?)와 함께 작업하는 가운데 완성도를 더해갔던 것이다. 나훈아의 이러한 완벽주의적 면모는 이 책의 곡 해설 부분에서 자세히 언급했다.

라이브를 준비할 때도 다양한 각도에서 무대와 관객석을 살핀다. 철저히 팬의 입장에서 말이다. 이런 각도에선 이렇게 하는 게 좋을 거라며 퍼포먼스 연출 전반에 걸쳐 다양한 아이디어를 내는 것이다. 물론 아티스트라면 당연히 자신의 무대를 좀 더 멋지게 할 수 있는 생각들을 스태프에게 말하지만, 나훈아의 경우 더욱 전문적이고 디테일하게 제시한다는 게 큰 차이점이다. 앞의 '디렉터로서도 최고의 존재감'이란 파트와 같은 맥락이다.

서라벌고교에 다니며 노래를 공부할 때부터 남보다 더 치열하게 연습에 매진했던 모습에서도 그의 완벽주의적 단면을 엿볼 수 있다.

웹상에 나훈아라고 인물 검색을 하면 '대한민국의 前 트로트 가수이자 싱어송라이터'라고 뜬다. 은퇴 선언을 했기 때문에 '前'이라는 표현을 쓴 걸로 보인다.

은퇴 선언에 대해 여러 관계자를 만나며 혹여 번복하고 컴백할 가능성에 대해 물어봤다. 그러나 대부분 "그럴 일은 없을 것"이란 반응을 보였다.

나훈아의 많은 곡을 작업한 정경천 편곡가는 얼마 전 나훈아 소속사 '예아라 예소리'의 윤중민 대표와 식사를 하며 나훈아 컴백 가능성에 대해 물었다. 그의 은퇴가 너무 아쉬웠던 정경천 편곡가가 윤 대표에게 "또 한 번 나오는 거겠지?"라고 묻자, 윤중민 대표는 강한 어조로 "아닙니다. 이젠 절대 안 나옵니다. 끝입니다"라고 답했다고 한다.

김기표 감독과 인터뷰하며 컴백 가능성을 물었더니 그는 이렇게 답했다.

"여태껏 한 번도 허투루 내뱉은 적이 없을 만큼 그분은 자신의 말에 책임을 지는 분입니다. 은퇴를 결심하기까지 얼마나 많이 고민하셨겠어요? 아마 절대로 다시 나오지 않을 것 같습니다."

이외에 몇몇 관계자들에게 같은 질문을 했지만 비슷한

답이 돌아왔다. 혹시나 하는 기대는 어디에서도 찾을 수 없었다.

결국 그의 은퇴 선언도 완벽주의의 일환으로 해석할 수 있다. 더 나이를 먹으면 좋지 않은 가창이 나올 수도 있으므로 좋은 컨디션을 유지할 때 마이크를 내려놓겠다는 것이다. 아직 한참 더 노래해도 좋을 컨디션이라 그의 은퇴 선언은 충격이었다. 좋은 컨디션을 유지하며 정상의 자리를 지키고 있음에도 거기에서 내려온다는 건 범인 (凡人)들에겐 상상하기도 힘든 결정이기 때문이다. 이 또한 비울 때를 아는 '거장'의 풍모랄 밖에.

넷,

고향
그리고 어머니

대한민국은 수출주도형 경제 모델을 채택해 아시아에서 보기 드문 경제성장을 이뤄냈다. 이를 두고 전 세계는 '한강의 기적'이라며 찬사를 보냈다. 그만큼 짧은 시기에 농경사회에서 산업사회로 넘어왔던 것이다.

물론 급격한 성장에 따른 후유증도 적지 않다. 생계 차원, 즉 먹고살기 위해 전국에서 서울로 몰려들며 포화 상태가 됐다. 객지 생활에 따른 정신적·육체적 고통도 컸고, 그러다 보니 고향에 대한 향수도 크고 각별하다. 그래서 명절 연휴는 가족과 다시 만날 수 있는 '꿈에 그리던' 시간이기도 했다.

명절 연휴엔 절반 이상의 국민이 고향과 가족을 찾아 대이동한다. 어느 민족이나 고유의 풍속을 가지고 있지만, 특정일에 절반 이상의 인구가 이동하는 것은 전 세계적으로도 예를 찾기 쉽지 않다. 그만큼 우리 민족에게 가족 공동체의 의미는 형언할 수 없을 만큼 크고 깊다.

예전보다 다소 줄었다고는 하지만, 언론 보도를 보면

가는 길은 '머나먼 여정'일 만큼 힘들어도 가족을 만난 다는 일념이 이 모든 걸 극복하고 '민족대이동'이 계속 된다는 걸 알 수 있게 한다. 《연합뉴스》는 1993년 9월 28일 "민족 최대 명절인 추석을 맞아 사상 최대 규모인 2,600만 명의 한가위 대이동이 본격적으로 시작됐다"고 보도했다. 《한겨레》는 2002년 9월 19일 "추석 연휴를 하루 앞둔 19일 고향으로 향하는 '민족대이동'이 시작됐다"며 "건설교통부와 도로공사 등은 이번 추석 연휴 동안 총이동인구는 지난해 같은 기간에 비해 3.1% 늘어난 연인원 3,081만여 명이 될 것으로 추정했다"고 보도했다.

> "올 추석 연휴 동안엔 사상 최대인 3,940여 만 명이 고향을 찾을 것으로 전망된다. 또 연휴 동안 궂은 날씨가 계속될 것으로 보여 극심한 교통난이 예상된다. … 도로공사는 귀성 행렬이 절정을 이룰 것으로 보이는 10일엔 승용차를 이용할 경우 톨게이트를 기준으로 서울~부산 10시간 이상, 서울~광주 9시간 30분, 서울~대전 4시간 30분가량이 소요될 것으로 예상했다."
>
> - 2003년 9월 9일 《한국경제》

"추석 연휴 첫날인 14일 공항·기차역·터미널 등은 귀성객들과 역귀성객, 여행을 떠나는 시민들로 북적였다. 국토교통부의 '추석 연휴 특별교통대책'에 따르면 이번 연휴에는 총 3,695만 명이 이동할 것으로 조사됐다."

- 2024년 9월 14일 《경향신문》

이처럼 귀성길 풍경은 쉬지 않고 앞만 보고 달려온 한국 사회의 변화상을 반영하듯 해마다 다른 모습을 보였다. 1960~1970년대엔 기차와 고속버스가 주요 이동수단이었다. 부모님과 가족에게 선물할 각종 선물 꾸러미를 안고 차 안에서 힘든 시간을 보내던 이때와 달리 1980년대 이후 포니를 비롯한 자가용이 고속도로에 많이 등장하며 각종 선물 보따리도 차의 트렁크 속으로 들어갔다. 1980년대 중반 차량 등록 대수가 사상 처음으로 100만 대를 넘어서면서 본격적인 '마이카 시대'를 알린 것이다. 2000년대엔 고속철도(KTX)가 등장했다.

추석과 설 명절은 가족을 만나 서로를 이해·격려하고 새 에너지를 충전하는 시간이다. 객지 생활의 어려움을 어머니가 해주시는 맛있는 음식과 대화로 날려버리고, 많은 액수는 아니지만 현금을 봉투에 담아 "용돈 쓰시라"고 부모님께 건넬 때의 뿌듯함도 이루 말할 수 없다. 부모 입장에선 자식이 객지 생활하며 힘들게 번 돈을 용돈으로 받는다는 게 너무 미안하고 가슴 아프지만, 한편으론 역시 내 자식이 최고이고 자랑스럽다. 액수를 떠나 동네방네 자랑하고 싶다. 객지에서 힘든 사회생활로 타들어간 가슴은 어머니의 품에서 다시 100% 충전되고, 활기찬 에너지로 고향을 떠나 서울로 돌아온다.

이처럼 '민족대이동'이 시작되는 추석이나 설 명절이면 어김없이 떠오르는 1순위가 나훈아다. '고향', '어머니' 하면 나훈아의 노래부터 떠오를 만큼 그의 이름은 이 모든 걸 상징하게 됐다. 가족·친지와 덕담을 주고받으며 새로운 출발을 다짐하는 즐거운 명절이지만, 장시간의 운전이나 과음, 과식 등 제반 생활 리듬의 변화로 인한 '명절 후유증'으로 고생도 하지만 다시 나훈아의 노래를 들으며 생활 리듬을 찾기도 한다.

"머나먼 남쪽 하늘 아래 그리운 고향

사랑하는 부모 형제 이 몸을 기다려

천리타향 낯선 거리 헤매는 발길

한 잔 술에 설움을 타서 마셔도

마음은 고향 하늘을 달려갑니다"

- 나훈아, 〈머나먼 고향〉 중

"코스모스 피어있는 정든 고향역

이뿐이 곱분이 모두 나와 반겨 주겠지

달려라 고향 열차 설레는 가슴 안고

눈감아도 떠오르는 그리운 나의 고향역"

- 나훈아, 〈고향역〉 중

고향과 어머니에 대한 그리움을 이보다 잘 표현한 노랫말이 또 있을까? 그리고 이런 가사를 고향의 흙냄새 물씬 풍기게 하는 정감 어린 톤과 깊이로 노래하기에 나훈아 하면 고향과 어머니가 먼저 오버랩되는 것이다.

그럼 지금부터 고향과 어머니를 노래한 나훈아의 대표적인 노래를 찾아 각 곡이 나오게 된 배경과 가창·발성, 의미 등을 분석해보기로 하겠다.

🎵 고향역

· 나훈아의 전매특허 창법 집약
· 작곡가의 추억 녹여 절절한 심정 더해

작사·작곡 임종수 / 편곡 민인설
1972년 6월 5일 오아시스레코드에서 발매한 [나훈아 스테레오 힛트앨범
제7집 – 고향역 / 꿈속의 고향] 수록

나훈아가 부른 숱한 작품 중에서도 손에 꼽을 만한 역대급 명곡 중 하나다. 〈머나먼 고향〉과 함께 고향 하면 떠오르는 가장 상징적인 노래로 자리했다.

노래 초반인 0:22 "코스모스 피어있는 정든 고향역 / 이쁜이 곱분이 모두 나와 반겨 주겠지"부터 나훈아 특유의 비강 톤과 흥성, 그리고 바이브레이션과 꺾기 등 그의 모든 전매특허와 같은 창법이 등장한다. 가창 면에서 당시 그 어떤 곡들보다 기술적 우월성을 보여준다.

"코스모스~~", "피어있는~~" 등 비브라토(바이브레이션)를 구사하는 방식은 느리지만 매우 깊은 곳까지 울릴만큼 선이 굵고 호방하게 떨며 더욱 절절한 호소력을 연출한다. 이러한 바이브레이션도 이전의 가수들과 다른 패턴이다. 고향에 대한 그리움을 이렇게 난도 높은 테크닉에 실어 '현란하게' 연출하고 있다는 게 대단하다. 더욱이 대중음악의 발성 전반이 이론적 틀을 갖추기 전인 1970년대 초에 이렇게 노래했다는 사실이 놀라울 따름이다.

나훈아는 1970년 3월 임종수로부터 〈차창에 어린 모습〉과 〈그 사람을 버린 죄로〉 두 곡을 받아 노래했다. 그러나 이 두 곡은 방송 한 번 타지 못한 채 묻혀버리고 말았다. 1970년대는 방송 심의 규정이 엄격해 이별·슬픔·아픔·고통 등의 단어가 들어가면 제재 대상이었다.

〈고향역〉도 그런 이유로 빛을 보지 못하던 중 나훈아가 임종수 작곡가에게 가사는 물론 리듬 등 곡 전체를 바꿔보자고 제안했다. 이렇게 해서 원래 트로트 리듬을 고고 리듬으로 변형을 가했고 가사도 고향을 주제로 바꿔 새롭게 만들었는데 그게 바로 이 곡이다. 〈차창에 어린 모습〉을 1972년 다르게 바꿔 발표한 〈고향역〉은 대성공을 거두었다.

〈고향역〉은 1972년 당시 28세였던 무명 작곡가 임종수를 유명하게 만든 빅히트작이기도 하다. 그는 후일 나훈아의 〈대동강 편지〉, 〈불교〉, 〈첫눈〉 등도 작곡했다. 하수영 〈아내에게 바치는 노래〉, 태진아 〈옥경이〉, 조항조 〈남자라는 이유로〉, 남진 〈빈 지게〉, 장윤정 〈애가 타〉, 서주경 〈벤치〉 등 많은 유명 곡을 썼다.

임종수 작곡가는 2008년 9월 5일 《조선일보》 인터뷰에서 "익산군 삼기면 형님 집에서 산길을 넘어 황등역으로 가 통학 열차를 타곤 했다"며 "아침밥을 해 먹고 이십 리 산길을 넘어 열차 시간에 맞춰 가는 게 고통의 연속"이라고 했다. 이어 "열차에 앉아… 기찻길 옆에 핀 코스모스를 보면서 고향의 어머니가 생각나 얼마나 많이 울었는지 모릅니다. 일단 주제를 '고향역'으로 하자 가사는 술술 풀려나갔다"고 말했다.

🎵 고향으로 가는 배

· 예술적인 소리 강약 조절
· 한없이 느린 비브라토로 애절한 정서 극대화

작사 김진경 / 작곡 정민섭 / 편곡 김성주
1982년 발매한 [나훈아 1982 3집] 수록

작은 배를 타고 고향으로 돌아가는 모습을 노래한 곡이다. 1977년 오진일이 발표한 원곡을 나훈아가 리메이크하며 유명해졌다.

2020년 9월 30일 방송된 KBS 2TV 〈2020 한가위 대기획 대한민국 어게인 나훈아〉에서 나훈아는 고향을 주제로 한 1부 첫 곡으로 〈고향으로 가는 배〉를 불렀다.

이 곡이 수록된 앨범 제목엔 3집으로 표기돼 있다. 그러나 나훈아의 세 번째 앨범이란 뜻이 아니다. 이미 나훈아는 이전부터 많은 앨범을 발표했기 때문이다. 당시 레코드사에서 발표한 앨범 순서에 의거해 3집이란 명칭을 붙인 것이다.

〈고향으로 가는 배〉는 나훈아가 소리의 강약 조절을 얼마나 예술적으로 잘 구사하는지 극명하게 보여주는 노래다. 0:33 "고향으로 가는 배~ 꿈을 실은 작은 배~"와 0:46 "정을 잃은 사람아~ 고향으로 갑시다~" 구간에서 '작게'와 '크게'라는 소리 볼륨의 대조적인 표현 방식을 기가 막히게 잘 구사하고 있다. 0:58 "산과 산이 마주서~ 소근대는 남촌에~"에선 볼륨이 더 커지며 감정의 절정으로 치닫는다.

이처럼 〈고향으로 가는 배〉는 초반에서 중반으로 가면서 소리의 볼륨이 점점 커지는 전형적인 크레셴도 형태를 취하는 곡이다. 열창형 솔로 가수들이 선호하는 스타일이기도 하다.

이외에도 나훈아는 이 곡에서 한없이 느린 템포로 바이브레이션을 구사하는데, 오히려 그 때문에 정서적으로 애절함이란 표현지수를 무한대로 끌어올리고 있다.

《동아일보》는 2017년 2월 18일 "북한 김정남이 구슬픈 목소리로 〈고향으로 가는 배〉를 10번이나 부르고 눈물을 쏟아냈다"고 단독 보도했다. 2010년 여름 마카오에서 처음 김정남을 만나 지금껏 친분을 쌓아온 한국 여성 A씨가 털어놓은 내용에 기반한 기사로 고향도 마음대로 갈 수 없는 '비운의 황태자'의 심정을 잘 보여주는 일화다.

🎵 꿈속의 고향

· 부드러운 소릿결, 풍부한 저음까지
· 스트링 사운드는 70년대 분위기 물씬

작사·작곡 정진성 / 편곡 민인설

1972년 6월 5일 오아시스레코드에서 발매한 [나훈아 스테레오 힛트앨범 제7집 – 고향역 / 꿈속의 고향] 수록

제목에서 알 수 있듯이 가고 싶어도 갈 수 없는 고향에 대한 그리움을 드라마틱한 창법으로 노래한 곡이다.

노래가 시작되는 0:18 "가고파도 갈 수 없는 고향이기에"만 들어도 나훈아의 깊은 내공이 엿보인다. 이 부분은 저음과 고음의 편차가 크다. '가고파도 갈 수 없는'의 저음에서 '고향이기에'로 급격하게 음정을 도약시키고 있는데, 티끌 하나 없이 매끄럽게 소화하고 있다. '가고파도'에서 들을 수 있는 부드러운 소릿결의 풍부한 저음은 나훈아란 가수가 낮은 음에서도 얼마나 특화된 보컬리스트인지 알 수 있게 한다.

1:00 "향수에 젖어보는 사나이 마음"과 1:08 "고향 찾아서 머나먼 길 달려갑니다"까지 노래가 하이라이트로 치달으며 음정도 고음으로 치닫지만 음역 변화가 순간적으로 일어난다는 점에서도 매우 난도가 높은 곡이다. 그럼에도 나훈아는 흉성의 깊이와 파워를 견지하는 와중에 힘 있게 소리를 위로 띄우는 대단한 스킬을 보여주고 있다.

이 곡에선 일렉트릭 기타의 단음 리프가 시종 곡의 뼈대를 이끈다. 이러한 단음 패턴은 벤처스(The Ventures)와 섀도우스(The Shadows) 등 1960년대에 유행한 인스트루멘틀 그룹의 연주 스타일에 영향받은 것이다. 당시 최고의 흥행을 기록한 007 영화 주제가도 단음 리프 중심의 연주곡이듯. 또한 간간 등장하는 스트링 연주도 국내에서 '경음악'이라 부르던 만토바니, 퍼시 페이스, 폴 모리아 등 세계적인 여러 악단을 연상케 한다. 한마디로 〈꿈속의 고향〉은 1970년대의 분위기가 물씬 풍기는 사운드다.

〈꿈속의 고향〉을 작곡한 정진성은 〈사나이 첫사랑〉, 〈사나이는 울고있네〉, 〈잊지못할 여인〉, 〈너와 나의 고향〉, 〈파도넘어 천리길〉, 〈슬픈 낙엽〉, 〈좋았다 싫어지면〉, 〈소식이 있으려나〉, 〈준비된 이별〉 등 나훈아의 많은 곡을 썼다. 이외에 조미미 〈갯마을 처녀〉를 비롯해 문주란, 이용복, 김상진, 정애리, 정종숙, 위키리, 에보니스, 방주연, 장윤정 등 다른 가수의 노래도 많이 작곡했다.

🎵 망모

- 말하듯 하는 창법과 폭발적 가창 잘 안배
- 블루스 어법의 기타로 절절함 더해

작사·작곡 진남성 / 편곡 송태호
2019년 5월 3일 발매한 [벗2] 수록

'망모(亡母)'는 돌아가신 어머니를 뜻한다. 유교의 효(孝) 사상과 연결되어 추모의 의미도 있다. 이러한 걸 노래하는 만큼 나훈아의 〈망모〉도 애절하기가 이를 데 없다.

모든 악기 중에서 가장 인간의 감정과 닮은 악기가 현악기다. 이것은 줄(현)로 구성된 데에서 그 특징을 찾을 수 있다. 줄을 떨어대며 연출하는 특유의 떨림음인 비브라토, 그리고 줄을 살짝 올리거나 내리며 음정을 변화시키는 벤딩 등을 구사하는 방식은 연주자마다 다르다. 또한 이러한 기법은 현악기에서만 가능하다. 극히 미묘하게 거는 비브라토나 벤딩은 악보로 담아내는 게 불가능하다. 연주자의 '손맛'이 좌우하기 때문이다. 삶의 애환을 가장 깊이 있게 노래한다는 블루스나 재즈에서 기타와 같은 현악기가 중요하게 사용되는 이유이기도 하다.

'기타로 흐느껴 운다'는 표현이 적절할 만큼 블루지한 일렉트릭 기타 솔로가 30초 넘게 흐른 후 노래가 시작된다. 그리움, 후회, 한 등의 정서를 사실적으로 표현하는 데엔 블루스 어법만큼 좋은 것도 드물다. 기타 솔로에 이어 조곤조곤 말하듯 하지만 시종 애절한 정서가 곡을 관류한다. 이렇게 말하듯 노래하는 방식은 보컬 고수들에게서나 들을 수 있는 매우 어려운 경지다.

0:42 "울 엄마는 열아홉 살 때 울 아부지 잘못 만나"부터 1:49 "멀고 먼 길 편히 가시게 이젠 그만 울거라"까지 말하듯 하는 어법에 이어 2:05 "어이여 허 어~ 어이여 어 어어 어"에선 판소리 창 발성을 섞어 어머니에 대한 사무치는 그리움에 더욱 강하게 발동을 걸고 2:39 "울 아부지 술에 취해 이리 비틀 저리 비틀"부터 나훈아의 폭발적인 가창이 나온다.

애절함과 한탄조의 감정이 주를 이루고 있음에도 전체적으로 각지지 않고 둥그렇게 흐르는 부드러운 중저음 소리에서 나훈아의 건강한 성대 컨디션을 확인할 수 있다. 격하게 터트리는 고음도 소리가 잘 뭉쳐 있다. 이 노래를 발매할 당시 나훈아의 나이가 70대로 들어설 때임에도 얼마나 많은 연습과 자기관리를 하는지 알 수 있게 한다.

〈망모〉를 쓴 진남성은 대구 출신의 작곡가다. 나훈아의 1968년 〈두줄기 눈물〉로 작곡가로 데뷔한 이래 남진 〈사나이기에〉, 최안순 〈임이 오시나〉, 하사와 병장 〈목화밭〉, 조영남 〈점이〉, 그리고 송대관, 설운도, 현철, 김연자, 정서임 등 많은 가수의 곡을 썼다.

🎵 머나먼 고향

· 디테일 강한 표현력
· 나훈아식 감정 연출의 백미 중 하나

작사 · 작곡 박정웅
1971년 12월 21일 오아시스레코드에서 발매한 [나훈아 스테레오 앨범 제8집 – 머나먼 고향 / 찻집의 고독] 수록

〈머나먼 고향〉은 1970년대 대한민국의 고도성장 산업화를 외치던 당시 고향을 떠나 낯선 타향에서 외롭게 명절을 보내던 많은 사람을 감동시킨 곡이다. 원래 이 곡은 유지성이 1969년 발표했지만 별 반응을 얻지 못하다가 나훈아가 리메이크해 인기를 얻게 됐다.

밀양 출신의 작사·작곡가 박정웅은 25세가 되던 1968년에 큰 꿈을 안고 서울로 갔다. 그러나 '서울살이'라는 게 처음부터 쉽진 않았다. 그는 추석 전날 밤 신세를 한탄하던 내용을 통기타에 맞춰 노래로 흥얼거렸고, 그렇게 해서 세상에 나온 곡이 〈머나먼 고향〉이다. 이 곡은 박정웅을 작곡가로서 유명하게 해줬을 뿐 아니라 가수로서 나훈아를 상징하는 명곡 중 하나로 자리했다.

좋은 음악의 특징은 듣는 이의 마음을 얼마나 잘 움직여 감동으로 이어지게 하느냐라는 '호소력'에 있다. 〈머나먼 고향〉이야말로 이러한 호소력을 대표하는 노래다. 곡도 좋지만 나훈아가 불렀기 때문에 이만큼 절절한 감정이 연출될 수 있었다.

노래 초반인 0:36 "머나먼 남쪽 하늘 아래 그리운 고향"에서 알 수 있듯이 여러 곳에서 비브라토를 구사하며 감정의 깊이를 더하고 있다. F-Dm-F-C7라는 대중가요의 전형적인 코드 진행을 통해 그리움과 애절함의 정서를 극적으로 그려나간다. 역시 작곡가의 역량이다. 이어 F-Bb-C7 코드 기반으로 음을 올리며 하이라이트로 치닫는 1:26 "한 잔 술에 설움을 타서 마셔도"에서 전형적인 나훈아식 창법이 수를 놓는다. 그리고 1:43 "마음은 고향 하늘을 달려갑니다"로 음정 하강을 통해 감정을 추스른다. 강하고 깊이 있는 흉성 발성을 견지하는 가운데 두성 등의 발성으로 자연스럽게 소리를 위로 띄우며 음색을 조절해가고 있다. 비브라토뿐 아니라 꺾기를 약하게 구사하며 표현에 디테일을 더하고 있는 것도 돋보인다.

곡 중후반에 나오는 색소폰 솔로도 멋지다. 바로 이 연주 때문에 색소폰을 배우려 한 중년층이 많이 나올 정도였다.

🎵 명자

· 어릴 적 풍경 떠올리는 정감 어린 가사
· 특히 리듬에 신경 많이 써 작업

작사·작곡 나훈아 / 편곡 김기표
2020년 8월 20일 발매한 [아홉 이야기] 수록

나훈아의 앨범 [아홉 이야기]는 시사하는 바가 큰 작품이다. 70이 넘어 발표한 작품이지만 깊이를 더한 음악적 내공이 더욱 젊은 감각으로 구현되고 있기 때문이다.

〈테스형!〉을 비롯한 화제작들이 모두 이 앨범에서 나왔다. 〈명자〉라는 곡 또한 늙지 않는 나훈아를 엿볼 수 있다.

노래에서 말하는 명자는 1930~1940년대생의 탈북민이다. 고향을 잃어버린 서러움과 그리운 친구와 부모님, 이북에서 지낸 소중한 추억들을 회상하는 곡이다. 또한 명자는 나훈아의 전처인 배우 김지미의 본명이기도 하다.

나이가 들며 성대 또한 노화로 진행된다. 젊을 때와 달리 쇳소리 같은 탁한 톤이 나오는 것도 이 때문이다. 그런데 나훈아는 나이가 들며 오히려 소리를 위로 경쾌하게 띄우는 발성을 자주 보여줬다. 그만큼 성대 상태를 꾸준히 관리했다는 의미다. 이 곡에서도 자기관리에 확실한 그의 단면을 볼 수 있다. 젊을 때보다 소리 폭은 가늘어진 듯하지만 여전히 맑고 꽉 찬 소리를 구사하고 있다.

〈명자〉는 트로트에서 자주 접할 수 있는 주요 3화음인 1도, 4도, 5도를 많이 사용한 구성으로, 어릴 적 자주 볼 수 있는 동네 풍경을 떠올리게 하는 정감 어린 가사가 깊이 와닿는다.

노래가 시작되는 0:34 "나 어릴 적에 개구졌지만 / 픽하면 울고 꿈도 많았지"부터 소리가 경쾌하게 나오는 걸 알 수 있다. 그리고 전통 트로트를 부를 때와 달리 2000년대 이후 나훈아는 리듬을 다루며 연출하는 부분도 톡톡 튈 만큼 돋보인다. 이 곡 또한 그렇다. 나이가 들수록 오히려 젊어지고 있다고 할까. 절정으로 향하는 0:56 "자야자야 명자야! 불러샀던 아버지"에선 전형적인 나훈아식 창법이 터져 나온다.

1970년대에 초등학교에 다닌 사람들에게 하모니카는 '악기'이기 이전에 '추억'이다. 당시 캐스터네츠, 피리, 하모니카 등은 학교 음악 시간에 다룰 만큼 인기 악기였고, 집으로 돌아와서도 하모니카 연습을 했던 기억이 난다. 옛 정서를 노래하는 이 곡에서도 하모니카란 악기를 사용해 1960~1970년대의 추억을 효과적으로 소환하고 있다.

🎵 모정의 세월

· 스타카토와 다채로운 비브라토 구사
· 그래서 더욱 강한 호소력 연출

작사 신봉승 / 작곡 박정웅
1972년 오아시스레코드에서 발매한 [모정의 세월 / 진실]

1972년 방영한 TBC 드라마 〈어머니〉는 김세윤, 김영애, 안옥희, 김민자 등 당대의 인기 탤런트들이 대거 출연해 많은 사랑을 받았다. 이 드라마의 주제곡으로 삽입된 게 〈모정의 세월〉이다. 이후 1973년 한세일이 리메이크해 많은 인기를 얻은 바 있다. 필자가 어릴 때 TV나 라디오에서 흘러나오던 〈모정의 세월〉도 한세일 버전이었던 것으로 기억한다.

그러나 원곡인 나훈아의 〈모정의 세월〉은 가창력과 감정의 깊이 등 모든 면에서 압도적이다. 왜 오리지널(원곡)을 능가하는 리메이크가 나오기 힘든지 극명하게 보여주는 좋은 예다.

이 곡을 노래할 당시의 나훈아는 남진과 함께 최고의 전성기를 달리고 있었다. 가창 또한 비브라토와 꺾기 등 자신의 특장점이 가장 현란하게 발휘될 때이기도 하다.

예를 들어 노래가 시작되는 0:28 "동지섣달 긴긴밤이 짧기만 한 것은 / 근심으로 지새우는 어머님 마음"만 해도 가사 하나하나에 비브라토를 실어 절절한 심정을 극대화하고 있다. 이처럼 초반부터 비브라토를 많이 사용하고 있지만 여타 가수들과 달리 비브라토 자체에도 여러 변형을 가해 가창의 멋스러움을 더해주고 있다는 것이다. 1:13 구간의 "한없이 이어지는 모정의 세월 / 아~ 가지 많은 나무에 바람이 일-듯"이 좋은 예다. 앞부분의 비브라토와 달리 이 구간에선 음정 격차를 더욱 크게 하거나 스타카토까지 사용하며 큰 폭으로 비브라토를 구사해 더욱 강렬한 호소력을 연출한다.

한세일의 〈모정의 세월〉은 낮은 음역에서 대부분 굵은 톤의 흉성 발성으로 노래한다. 나훈아와 달리 다소 부드러운 프레이징을 지향하고 있는 것이다. 스타카토로 격하게 큰 폭의 비브라토를 구사하는 나훈아와 달리 한세일은 다소 부드럽게 이어가는 느낌이다. 원곡이 너무 강하고 깊어 오히려 한세일 버전을 찾는 사람도 많지만, 나훈아 원곡은 당대 최고인 자신의 보컬 완성도를 집약하고 있다는 데에서도 대중가요 가창사에서 역사적 의미가 크다.

이 곡은 〈머나먼 고향〉으로 유명한 박정웅이 작곡했다. 역시 그는 1970년대 가요계에선 빼놓을 수 없는 감성을 지닌 작곡가란 걸 다시 한번 깨닫게 해준다.

🎵 물레방아 도는데

· '공기 많은 발성' 애절함과 따뜻한 정서
· 폭발적 가창+깔끔 정확한 딕션

작사 정두수 / 작곡 박춘석
1972년 8월 12일 지구레코드에서 발매한 [나훈아 지구전속기념음반 –
물레방아 도는데 / 긴세월] 수록

앨범은 레드 색상 재킷을 입은 나훈아 사진이 커버이고, 앨범 타이틀 밑에 '박춘석 작곡집 / 연주 박춘석과 그 악단들'이라고 표기한 게 눈에 띈다. 그만큼 당시 가요계에서 박춘석의 존재감이 얼마나 대단한지 알 수 있게 한다. 앨범 1면엔 〈물레방아 도는데〉 외에 〈진도 아리랑〉, 〈태양과 나〉, 〈비내리는 호남선〉, 〈타인들〉, 2면엔 〈긴세월〉, 〈삼팔선의 봄〉, 〈지프의 사나이〉, 〈그리움은 가슴마다〉, 〈섬마을 선생님〉 등이 수록됐다.

고향을 떠난 사람들의 마음을 위로하는 〈물레방아 도는데〉는 일제강점기 때 학병으로 끌려간 작사가 정두수 삼촌의 이야기를 곡으로 만들었다. 당시 19세이던 정두수 삼촌은 와세다대학 재학 중 강제 징집됐다. 그때 삼촌은 고향 마을 어귀 개울 징검다리를 건너가며, 어머니와 순이를 돌아보고 또 뒤돌아보며 이별의 길을 나섰다. 당시 여덟 살이던 정두수 작곡가가 그때의 기억을 되살려 곡으로 만든 게 〈물레방아 도는데〉다.

기타의 트레몰로 주법 인트로에 이어 노래가 나온다. 현악기의 트레몰로 주법은 향수에 젖게 할 때 자주 사용되는 테크닉이다. 영화 〈닥터 지바고〉 주제곡 〈라라의 테마〉를 비롯해 눈물샘을 자극하는 많은 명곡에서 이러한 기법을 접할 수 있다.

이 곡에서 나훈아는 전체적으로 공기가 많은 발성으로 애절함과 따뜻한 정서를 극적으로 연출한다. 소리의 강약 조절을 비롯해 발성과 표현이 가히 예술이다. 나는 이걸 '뉘앙스의 예술'이라고 표현하고 싶다. 여러 보컬트레이너와 이런저런 얘기를 하다 보면 언제나 같은 결론으로 끝난다. 아무리 발성 가창이 과학적으로 정교해진다 해도 예전 가수들이 노래를 더 잘했다는 것이다. 바로 이 곡이 대표적인 예다. 발매된 지 50년이 넘었음에도 여전히 공부해야 할 게 너무 많은 노래다.

0:28 "돌담길 돌아서며 또 한 번 보고"부터 노래란 곧

디테일의 예술이라 할 만큼 빼어난 가창을 접할 수 있다. 0:45 "징검다리 건너갈 때 뒤돌아보며"의 '징검다리'는 매우 낮은 저음이라 호흡이 셀 수 있는데 나훈아는 그야말로 깔끔하고 정확한 딕션을 구사하고 있다. 고음보다 저음을 구사하는 게 더 힘들다는 점에서 그가 젊을 때부터 얼마나 피나는 연습을 했나 알 수 있다. 1:02 "천리타향 멀리 가더니"에서 1:10 "새봄이 오기 전에 잊어버렸나", 그리고 1:17 "고향에 물레방아 오늘도 돌아가는데"까지 같은 소리라 해도 어쩌면 이리 강과 약의 볼륨을 완벽하게 표현하는지 놀라울 따름이다. 이미 나훈아는 1970년대 초부터 '다시는 나올 수 없는 가수'의 면모를 보인 것이다.

🎵 어매

·우연히 매니저가 이 곡에 먼저 반해
·나훈아가 부르게 된 색다른 배경의 곡

작사 오재호 / 작곡·편곡 정경천
1994년 발매한 [2000곡 취입 기념 신곡 앨범 – 비요일 / 어매] 수록

"어매 어매 우리 어매

뭣할라고 날 낳았던가

낳을라거든 잘 났거나

못 낳을라면 못 났거나

살자하니 고생이요

죽자하니 청춘이라"

애절한 가사만으로도 눈시울을 뜨겁게 만드는 곡 제목 〈어매〉는 어머니의 경상도 사투리다. 어머니를 주제로 한 나훈아의 여러 곡 중에서도 절규하듯 토해내는 슬픔의 강도가 무척 세다. 초반부터 마치 각혈하듯 노래하고 있는 것이다. 국악 작법을 트로트에 접목해 우리의 정서를 더욱 '찐하게' 표현하고 있다. 판소리 창과 민요 발성이 교묘하게 섞여 있는 것도 흥미롭다.

전체적으로 "이제 가면 언제 오나"라며 상여를 메고 장지에 가며 불렀던 장송곡을 연상케 하는 곡이다.

이 곡의 작곡 및 편곡자 정경천은 필자와 인터뷰에서 "40년도 훨씬 전에 쓴 곡"이라고 했다. 이어 나훈아가 〈어매〉를 부르게 된 뒷얘기를 밝혔다.

어느 날 밤 정경천은 사무실(작업실)에서 피아노를 치며 〈어매〉란 곡을 노래하고 있었다. 이때 나훈아 매니저가 사무실에 왔다. 나훈아 매니저는 하루가 멀다고 정경천 사무실에 자주 드나들었다. 당시 정경천은 당대 최고의 편곡가로 명성을 얻던 만큼 많은 음악 관계자들이 그의 사무실에 찾아왔던 것이다.

나훈아 매니저는 이 곡을 처음 듣자마자 "정 선생님, 이 곡 우리 '오야지'—당시 매니저가 나훈아를 이렇게 호칭—가 불러야 되는 거 아닙니까?"라고 말했다. 정경천은 매니저에게 곡을 줬고, 얼마 후 나훈아가 직접 정경천에게 "만나자"고 전화했다. 이렇게 해서 〈어매〉가 세상에 나오게 된 것이다.

원래 이 곡은 1974년부터 6년간 MBC 라디오에서 방송한 다큐멘터리 〈법창야화〉 주제가였다. 그런데 곡이 너무 길어 짧게 수정해 나훈아가 부르게 한 것이다. 현재까지 나훈아의 많은 곡 중에서도 사랑받고 있는 대표곡 중 하나로 자리했다. 나훈아도 곡이 너무 마음에 들어 노래를 듣자마자 그 자리에서 바로 타이틀곡으로 정했다고 한다.

♪ 엄니

- 지역 사투리를 노랫말로 사용해
- 길이 남을 감동적 작품으로 승화

작사 · 작곡 나훈아 / 편곡 김기표
2020년 8월 20일 발매한 [아홉 이야기] 수록

광주민주화운동 당시 유명을 달리한 광주의 젊은이들이 망자가 돼 어머니를 달래는 내용의 매우 의미 깊은 곡이다.

나훈아가 직접 지인들한테 전라도 사투리를 배우고 곡을 써 5·18 민주화운동 유족들에게 헌정했다. 나훈아는 광주에 내려가 망월동에 헌화하고 광주 MBC 방송국에 〈엄니〉 노래 카세트테이프를 2,000개 제작해 광주 어머니들에게 주려 보냈지만 정부 기관의 방해로 뜻을 이루지 못했다고 한다.

〈엄니〉는 소위 클래식 음악에서 가장 아름답고 비극적 정서의 코드로 평가받는 G마이너(Gm) 중심으로 진행되고 있다. 이 곡도 [아홉 이야기]에 수록돼 있다. 실로 멋진 앨범이다.

표준어가 아닌 지역 사투리를 중심으로 노랫말을 써 한 많은 광주 특유의 어감을 살리고 있는 것도 국내외 대중음악사에서 예를 찾기 쉽지 않은 시도다. 영어권을 대표하는 미국만 해도 남부 쪽으로 가면 지역 사투리가 심해 알아듣기 힘들 때가 있다. 그렇다고 해서 해당 지역 음악인들이 이러한 사투리를 컨트리나 블루스 등의 곡에 100% 노랫말로 사용하진 않는다.

만일 "엄니 엄니 워째서 울어쌌소 / 나 여그 있는디 왜 운당가"라는 가사를 "엄마 엄마 어째 울고 있나요 / 나 여기 있는데 왜 울어요"라고 표준어로 썼다면 과연 원곡이 지닌 폭풍 같은 감동을 전할 수 있었을까? 나훈아가 불세출의 '베스트 오브 베스트' 보컬일 뿐만 아니라 음악을 만들 때 얼마나 설계를 탁월하게 하는 뮤지션인지 다시 한번 알 수 있게 하는 것이다.

한국 현대사의 가장 큰 아픔 중 하나를 사실적이고 극적으로 표현했다는 점에서도 이 곡은 역사적 가치가 매우 높은 작품이다. 가히 '위대한'이란 표현을 나훈아라는 이름 앞에 붙이고 싶을 만큼. 다시 한번 노랫말을 음미하며 곡을 들어보고자 한다.

"엄니 엄니 워째서 울어쌌소
나 여그 있는디 왜 운당가
엄니 엄니 뭐 땀시 날 낳았소
한 많은 이 세상 어째 낳았소
들리지라우 엄니 들리지라우 엄니
인자 그만 울지 마시오~~

엄니 엄니 워째서 불러쌌소
눈앞에 나 있는디 어째 날 찾소
엄니 엄니 무등산 꽃 피거든
한 아름 망월동에 심어주소
들리지라우 엄니 들리지라우 엄니
인자 그만 울지 마시오~~

엄니 엄니 워째서 잠 못 자요
잠자야 꿈속에서 날 만나제
엄니 엄니 나 잠들고 싶은디
잠들게 자장가나 불러주소
들리지라우 엄니 들리지라우 엄니

인자 그만 울지 마시오~~

인자 그만 울지 마시오~~

인자 그만~ 울지 말랑께~~"

🎵 자갈치 아지매

· 가족 위해 헌신하는 어머니들의 자화상
· 스타카토와 커팅 주법으로 똑 부러지는 아지매 표현

작사 손상영 / 작곡 추세호 / 편곡 정경천
1984년 10월 1일 오아시스레코드에서 발매한 [대동강 편지 / 가라지] 수록

6·25 때 많은 사람이 부산으로 밀려들었고, 생계를 위해 시장 주변에서 노점을 형성했다. 해안가엔 부산어패류 처리장 건물을 중심으로 판자로 지은 가게와 집들이 촘촘히 붙어 시장을 형성하기에 이른다. 부산시는 이후 판자촌을 정비하고 1970년 자갈치시장을 개설했다. 이후 자갈치시장은 '자갈치 아지매'로 상징되는 한국의 대표적인 어시장으로 부산의 관광 명소 중 하나로 자리했다.

〈자갈치 아지매〉는 바로 이 시장에서 장사하며 생계를 유지하는 아주머니들의 애환을 그렸다. 이들이야말로 가족을 위해 헌신해온 우리 시대 어머니들의 자화상이기도 하다. 자갈길을 밟으며 하루하루를 어찌 살아가나 고민 하던 시절이 있었지만 주어진 시간을 열심히 살아가며 이 제는 자랑스런 삶의 역군이 된 시장 아주머니들을 노래 하고 있는 만큼, 자갈치시장만의 건강미가 연상되는 사운 드다. 노래에서 활력이 넘친다.

이 곡에선 기타와 스트링 세션 연주 모두 스타카토와 커팅 주법으로 절도 있게 리듬을 끊는 표현을 자주 구사 하고 있다. '똑 부러지는' 부산 자갈치 아지매들의 일상을 효과적으로 표현하기 위해서인 걸로 해석된다.

〈자갈치 아지매〉를 수록한 [대동강 편지 / 가라지] 앨 범엔 〈아내에게 바치는 노래〉, 〈이별〉, 〈남과 북에서〉, 〈빛 과 그림자〉, 〈주름에 고인 눈물〉, 〈돌개바람〉, 〈한〉 등 총 19곡이 수록됐다. 그 시절 음반 끝 곡으로 반드시 넣어야 하는 건전가요도 수록돼 있는데, 여기엔 〈어허야 둥기둥 기〉라는 곡이 실려 있다.

한편 부산MBC FM이 평일 아침 8시부터 9시까지 방 송하는 최장수 시사교양 라디오 프로그램명도 '자갈치 아지매'다. 지난 1964년부터 방송이 시작됐으니 오랜 시

간 얼마나 많은 인기를 얻고 있는 프로그램인지 알 수
있다.

♪ 평양아줌마

· 평양 공연 마치고 귀경길에서 작곡
· 나훈아표 보컬 내공을 멋스럽게 연출

작사 · 작곡 나훈아 / 편곡 정경천
1985년 11월 9일 아세아레코드에서 발매한 [Super Star Best – 체념 /
평양아줌마] 수록

부산(자갈치)에 이은 나훈아의 또 하나의 아줌마 시리
즈랄 수 있다. 차이점이라면 이번엔 나훈아가 직접 작사
와 작곡을 했다는 것이다.

1985년 대한적십자사와 북한 적십자사 주최로 분단
40년 만에 처음 남북 이산가족 상봉 및 남북 예술단 교류
가 성사됐다. 나훈아도 여러 가수 및 연예인들과 평양을
방문해 공연을 펼쳤다. 그리고 평양 공연을 마치고 서울
로 돌아오는 기차 안에서 이산가족의 아픔을 달래는 가
사를 썼는데 그게 〈평양아줌마〉다.

0:42 "오늘따라 지는 해가 왜 저다지 고운지"부터 0:58 "붉게 타는 노을에 피는 추억" 등 몇몇 부분에서 차창으로 바라보는 풍경에서 영감을 얻은 노랫말이란 걸 알 수 있게 한다.

국악의 요소에 서양의 현악기 배치로 감정 연출을 더욱 효과적으로 하고 있다. 가사에 자연스럽게 묻는 미묘한 꺾기에서 가공할 파워의 강력한 꺾기에 이르기까지 나훈아표 보컬 내공이 멋스럽게 나타나 있기도 하다.

〈평양아줌마〉의 편곡자 정경천은 필자와 인터뷰에서 "당시 일본 노래를 많이 듣던 시절"이라며 "그래서 이 곡을 작업할 때 이런 스타일도 참조했다"고 말했다. 업계에서 편곡 속도가 빠르기로 유명하지만 이 곡은 10시간이나 걸려 완성했다. 그만큼 당대의 베테랑 편곡가인 정경천조차 심혈을 기울여 작업한 결과물인 것이다.

이 곡은 현악기 여러 대가 빠른 속도로 보윙하는 인트로로 시작한다. 보윙은 기다란 활로 현악기의 줄을 좌우로 가로지르며 소리 내는 기법을 말한다. 이렇게 빠른 템포의 보윙은 예전 미국의 서부영화 배경음악에서도 종종 들을 수 있다. 〈평양아줌마〉에선 곡이 끝날 때까지 이런 연주 방식을 접할 수 있다. 빠른 속도로 무심하게 흐르는 세월을 이렇게 표현하고 있는 것이다. 따라서 이 연주는 〈평양아줌마〉에서 매우 중요한 음악적 포인트다.

🎵 홍시

· 트로트에 레게 리듬까지
· 홍시에 어울리는 맛스럽고 따뜻한 감성의 발성

작사·작곡 나훈아

2005년 9월 발매한 [New Free Style – 아리수 / 홍시 / 사내] 수록

학업 또는 직장 때문에 객지 생활을 하다 시골집에 내려가면 가족들이 반가이 맞아준다. 어머니는 홍시 몇 개를 아껴두었다가 자식이 오면 건네며 "맛있게 익었으니 먹어보라"고 한다. 내가 어릴 때 가끔 할머니가 계신 시골집에 놀러 갈 때마다 할머니가 가장 먼저 내놓던 것도 바로 이 홍시였다. 우리와 같은 7080 세대는 물론 이전 세대들에게 홍시는 곧 부모의 사랑과 정을 의미한다.

홍시가 뜻하는 이러한 의미에서도 알 수 있듯이 이 곡은 어버이날이면 떠오르는 대표적인 사모곡이다.

부산 출신의 나훈아는 서라벌예고에 진학하면서 상경
했다. 일찍부터 어머니와 떨어져 형과 함께 지낸 것이다.
그래서 어머니에 대한 그리움도 각별하다. 많은 이들이
〈홍시〉를 들으며 어머니와 부모님 생각으로 눈물을 흘리
는 것으로 잘 알려져 있다.

　　"생각이 난다 홍시가 열리면 울 엄마가 생각이 난다
　　자장가 대신 젖가슴을 내 주던 울 엄마가 생각이 난다
　　눈이 오면 눈 맞을 세라 비가 오면 비 젖을 세라
　　험한 세상 넘어질 세라 사랑땜에 울먹일 세라
　　그리워진다 홍시가 열리면 울 엄마가 그리워진다"

　　매우 쉬운 표현이면서도 깊은 뜻이 담긴 가사가 일품
이다. 노랫말을 어찌 이리도 잘 쓸 수 있단 말인가. 역시
나훈아다. '어머니=정통 트로트'라는 선입견에서 벗어나
레게 리듬까지 사용하는 등 통속적이지 않은 어법을 택
한 것도 주목할 부분이다.
　　〈홍시〉는 스트링 인트로에 이어 하모니카 솔로로 향수
를 자극한다. 1960~1970년대의 추억 하면 역시 하모니카

만 한 게 없다. 1:01 "생각이 난다~"부터 노래가 시작된다. 이 곡은 전체적으로 나훈아의 육성과 두성 발성이 미세하게 조화를 이루는 가운데 표현의 디테일을 더해간다. 그리고 여기에 특유의 비성이 분위기를 더욱 '맛'스럽게 하는 게 특징이다. 가창에서도 그리움, 따뜻한 사랑이 넘친다. 이 곡 자체가 곧 '홍시'라 해도 좋을 만큼.

다섯,

사랑, 그리움

오페라의 아리아처럼 격조 있게 노래하는 사랑이 있는가 하면, 마돈나의 〈Material Girl〉 같은 물신화 시대의 사랑, 핑크 스웨츠의 〈At My Worst〉 같은 사랑, 그리고 스틸하트의 〈She's Gone〉처럼 강렬한 록으로 노래하는 사랑도 있다. 각기 다른 사랑의 모습은 그리움, 질투, 평온, 따뜻함, 공포, 불안, 증오, 싸움 등 천차만별로 그려져 왔다. 이렇게 다채로운 질감으로 사랑을 노래하고 있음에도 여전히 음악에서 가장 즐겨 다루는 주제가 사랑이란 점에서 얼마만큼 예술적 감수성을 자극하는 테마인지 알 수 있다.

마틴 스콜세지 감독의 1995년 영화 〈카지노〉에서 주인공 샘 에이스(로버트 드니로 분)는 "누구를 사랑한다면 무조건 믿어야 한다. 자신의 모든 걸 줄 수 있을 만큼. 안 그렇다면 그게 무슨 사랑인가?"라고 말한다. 바람직한 사랑관이다.

천재 수학자 존 내쉬(러셀 크로우 분)를 다룬 론 하워드

감독의 2002년 영화 〈뷰티풀 마인드〉의 엔딩 부분에서도 멋진 말이 나온다. 1994년 12월 스웨덴 스톡홀름 노벨상 시상식에서 존 내쉬는 객석에 앉아있는 자신의 부인 알리샤(제니퍼 코넬리 분)를 그윽하게 바라보며 수상 소감을 이렇게 말한다.

"나는 항상 숫자를 믿었습니다. 추론을 끌어내는 방정식과 논리를 믿었죠. 하지만 그런 걸 평생 추구하고 난 후 내 경력 중에서 가장 중요한 발견을 했습니다. 그것은 어떤 논리적인 것도 추론도 찾아볼 수 없는 사랑이라는 신비한 방정식 안에만 존재합니다. 오늘 밤 오직 당신 덕에 여기 있습니다. 당신은 나의 존재 이유입니다."

이처럼 많은 영화에서 사랑을 주제로 명대사들이 쏟아지며 감동을 더한다. 사랑은 나훈아가 데뷔 이래 지금까지 쉬지 않고 노래하고 있는 주제이기도 하다. 이 테마는 음악에서 가장 많이 접할 수 있는 것이지만 나훈아는 더 밀도 높은 표현으로 이러한 주제를 그렸다.

〈어매〉, 〈엄니〉, 〈망모〉, 〈홍시〉 등 어머니에 대한 그리움에서 〈평양아줌마〉와 〈대동강 편지〉처럼 북에 두고 온 가족에 대한 그리움, 그리고 〈사랑은 눈물의 씨앗〉, 〈사랑〉, 〈정〉 등 연인 간의 사랑 등 그가 노래하는 사랑과 그리움의 주제는 매우 넓고도 깊다.

♪ 가라지

· 이전과 다른 비브라토 발성
· 트로트와 발라드의 두 측면 잘 녹여

작사 · 작곡 추세호 / 편곡 정경천
1983년 태양음향에서 발매한 [슈퍼스타 나훈아 - 가라지 / 주름에 고인 눈물] 수록

나훈아가 한동안 활동을 하지 않다가 컴백할 즈음 발표한 곡이 〈가라지〉다. 이 곡을 취입한 태양음향은 1981년 6월 설립된 음반사다. '가요인들을 위한 레코드메이커가 되겠다'는 모토로 아티스트에게 계약기간 동안 계약금과 앨범 판매량에 따른 인세를 지급하는 등 당시로선 파격적인 행보로 화제를 모았다.

〈가라지〉는 인트로부터 스트링과 일렉트릭 기타 연주가 비장함을 더하게 한다. 나훈아 특유의 선이 굵고 강렬한 가창도 호소력을 배가시키고 있다.

0:17 "간다면 누가 너를 못 보낼 줄 알고"에서처럼 다소 차분한 느낌으로 시작하다가 1:11 "너 괴롭고 나 괴로운 것을"에서 절규하듯 쏟아내는 폭발적인 감정 처리가 대단하다. 피아노의 코드 아르페지오나 이전과 다른 나훈아의 비브라토 처리 등이 트로트와 발라드 감성의 두 측면을 함께 보여주는 듯한 노래다.

〈가라지〉를 작업한 정경천 편곡가는 이렇게 말했다.

"가사 내용이 당시 나훈아의 처지와 비슷합니다. 따라서 그만큼 편곡 작업 때도 신경을 많이 쓰려고 했어요. 나훈아 하면 트로트라고만 생각하는데 이러한 선입견을 떠나 발라드 무드 등을 비롯해 좀 더 색다른 감성을 녹여보고 싶었습니다."

정경천 편곡가는 곡 대부분을 1~2시간 안에 작업을 끝낼 만큼 일 처리가 빠르기로 유명하다. 그러나 이 곡은 꼬박 하루가 걸렸다. 그만큼 나훈아의 위와 같은 또 다른 느낌을 잘 담아보고 싶었기 때문에 시간이 오래 걸렸던 것. 하루에 3~4곡 이상을 편곡할 때도 있던 정경천에겐 그만큼 〈가라지〉는 작업 시간이 오래 걸린 몇 안 되는 노래 중 하나로 남아있다.

이 곡을 쓴 추세호는 김수희 〈멍에〉와 구창모 〈희나리〉로 유명한 작사·작곡가다. 그는 〈가라지〉 외에 〈돌개바람〉, 〈다시는 울지 않으리〉, 〈자갈치 아지매〉 등 나훈아의 여러 곡을 쓰기도 했다.

🎵 가지마오

· 초기 곡이지만 얼마나 대단한 가수인지 잘 보여줘
· '열창형 시대' 대표곡 중 하나

작사 고향 / 작곡 남국인 / 편곡 마상원
1971년 10월 1일 오아시스레코드에서 발매한 [나훈아 스테레오 힛트앨범 제6집 – 후회 / 가지마오] 수록

내가 초등학교에 다니던 1970년대 초반에 라디오에서 자주 들을 수 있던 곡이 〈가지마오〉였다. 당시 대학생이

던 큰형이 이 곡을 자주 불러 나도 모르게 가사를 외울 정도였다. 큰형은 동네에서 유일한 대학생이라 등하교 때마다 동네 사람들의 시선을 끌었다. 큰형은 가끔 집으로 들어올 때 이 곡을 부르기도 했다. 그러면 나도 함께 따라 부르며 잠깐이나마 형제 듀엣 가수가 된다. 10월 유신으로 매우 어수선할 때였음에도 이러한 형의 모습이 간간 우리 가족을 즐겁게 해줬던 게 지금도 기억에 선하다.

곡이 시작되는 0:32 "사랑해 사랑해요~ 당신을 당신만을~"부터 나훈아 특유의 매우 긴 호흡의 비브라토를 접할 수 있다. 이어 0:48 "이 생명 다바쳐서 이 한 목숨 다바쳐 / 내 진정 당신만을 사랑해"는 흉성 발성으로 깊고 무거운 소리를 구사하다가 곧바로 고음으로 자연스러운 음정 도약이 멋지다. 나훈아가 초기부터 얼마나 대단한 가수인지 알 수 있는 부분이기도 하다. 1:02 "가지마오 가지마오~ 나를 두고 가지를 마오~"는 소위 '열창형 시대'를 대표하는 나훈아의 폭발적인 창법이 터지는 하이라이트 구간이다.

〈가지마오〉를 작곡한 남국인은 남진 〈님과 함께〉와 나훈아 〈사랑은 눈물의 씨앗〉, 김상진 〈고향이 좋아〉, 설운도 〈잃어버린 30년〉, 주현미 〈비 내리는 영동교〉와 〈신사동 그 사람〉, 전영록 〈사랑은 연필로 쓰세요〉, 김승진 〈스잔〉 등 많은 히트곡을 쓴 당대의 작사·작곡가다. 그는 여러 예명을 사용했는데, '고향'이란 이름도 작사가로 활동할 때 사용하던 닉네임이다.

또한 이 곡을 편곡한 마상원은 1970~1980년대에 '마상원과 그 악단'으로 유명한 인물이다. 김국환, 박일남, 김부자, 김상희, 이미자, 한상일, 이수미, 하춘화, 김미성, 박상규, 김태연 등 많은 가수와 작업했다.

🎵 갈무리

· 단호하고 강렬한 발성으로 '갈무리' 메시지 표현
· KBS2 나훈아 공연에서 최고 시청률 기록

작사·작곡·편곡 나훈아
1989년 발매한 [Super Star 나훈아 22주년 기념신곡 – 갈무리]

노래 제목 '갈무리'는 잘 마무리한다는 의미의 순우리말이다. 단순히 끝내는 게 아니라 깔끔하게 정리하는 것을 강조하는 말이다. 농사를 지을 때 수확 후 곡물을 보관하는 행위에서 유래했다.

제목에서 알 수 있듯이 이 곡은 이미 남이 돼버린 그녀를 잊어야 하지만 생각처럼 되지 않는 한 남자가 자신을 향해 '싫다', '밉다' 한탄하며, 이제 정말 잊어야겠다고 사랑 갈무리를 다짐하는 내용이다. 따라서 곡을 부를 때 단호함을 견지할 필요가 있다.

노래가 시작되는 0:13 "내가 왜 이런지 몰라"부터 카리스마를 내포한 범상치 않은 소리인데도 0:37 "잊어야 하는 줄은 알아", 0:54 "두 눈에 눈물 고였잖아", 그리고 1:01 "이러는 내가 정말 싫어"까지 갈수록 소리가 강력해지며 점층적으로 호소력을 더해가고 있는 게 인상적이다.

이처럼 단호하고 강렬하게 노래하는 방식을 취한 것은 확실하게 끝내겠다는 의지를 표현하고자 함이다. 곡 초반의 색소폰 인트로, 그리고 중반에 나오는 색소폰 솔로도 주인공의 심정을 잘 말해준다. 이렇게 단호한 결심 속에서도 상대에 대한 아쉬움과 미련으로 괴로워하는 남자의 심적 갈등을 애절하게 표현하고 있는 것이다.

시청률 조사기관 닐슨코리아에 따르면 2020년 9월 30일 방영한 KBS2 〈2020 한가위 대기획 대한민국 어게인 나훈아〉에서 최고 시청률을 기록한 장면은 〈갈무리〉를 노래할 때로, 전국 시청률 30%를 기록했다. 대중들이 이 노래를 얼마나 사랑하는지 알 수 있는 데이터다.

♪ 대동강 편지

· 현란한 꺾기에서 낙차 큰 비브라토까지
· 온갖 폭발적 가창의 나훈아식 창법 집약

작사 월견초 / 작곡 임종수
1981년 11월 30일 태양음향에서 발매한 [나훈아 '81 제1집] 수록

월견초(본명 서정권)와 임종수가 만나 가요사에 남을 또 하나의 감동적인 곡을 세상에 나오게 했다. 〈대동강 편지〉가 바로 그것이다. "남북관계가 예전 같지 않다"며 발전적인 남북관계를 기대할 때에도 이 곡이 방송에 자주 사용되기도 한다.

월견초는 남인수 〈청춘무정〉, 손인호 〈갈매기 사랑〉, 이미자 〈고모령을 넘을 때〉 등 여러 추억의 가요를 썼다.

월견초 작사가에 의하면 이 곡은 주소도 없는 겉봉투에 보고 싶은 사람을 그리는 마음을 담아 노랫말을 썼다고 한다.

〈대동강 편지〉는 현란한 꺾기에서 음정 격차를 크게 떨어대는 폭풍 같은 비브라토 등 오로지 나훈아여야만 그 맛이 가능한 온갖 난도 높은 창법이 집약돼 있다. 정통 트로트를 표방하는 많은 곡 중에서도 탁월한 가창력이 폭포수처럼 터지며 전해오는 감동의 깊이는 가히 역대 최고 중 하나다. 그 어떤 것으로도 설명하기 힘든 게 분단의 아픔이다. 이러한 현실을 영혼 깊숙한 곳에서 터져 나오는 소리로 강렬하게 표출하는 방식은 분단 시대를 살아가는 모두에겐 잠시나마 위로의 시간이 될 수 있는 것이다.

워낙 유명한 곡인 만큼 심수봉, 양지원, 손빈아, 마이진, 정서주, 빈예서 등등 많은 가수가 커버했다. 가수마다 자신의 특장점이 고루 발휘되고 있는 만큼 비교해 들으면 이 곡을 더 다양하게 즐길 수 있을 것이다.

🎵 땡벌

· 나훈아 특유의 힘과 흥이 멋스럽게
· 영화가 히트하며 더 유명해진 곡

작사 · 작곡 나훈아 / 편곡 김기표
1987년 6월 10일 발매한 [사나이 눈물 / 님 / 땡벌] 수록

"난 이제 지쳤어요 땡벌 / 날 울리지 말아요 땡벌 / 혼자서는 이 밤이 너무 추워요" 너무 유명한 가사다. 특유의 힘과 흥이 넘친다. 가장 나훈아다운 멋까지.

원곡을 능가하는 리메이크란 없다는 말을 많이 한다. 하지만 아주 가끔 원곡에 뒤지지 않을 만큼 완성도 높은 리메이크도 나온다. 〈땡벌〉이 바로 그러한 경우다. 책 집필을 위해 나훈아와 강진 버전을 비교하며 들어봤지만 좀처럼 우열을 가리기 힘들었다. 그만큼 강진은 마치 자신의 맞춤복처럼 이 곡을 잘 불렀다.

강진이 노래해 크게 히트시키며 정작 〈땡벌〉 원곡 가수가 나훈아라는 걸 모르는 사람이 적지 않을 정도다. 이것은 영화의 힘이기도 하다.

〈땡벌〉은 유하 감독의 2006년 영화 〈비열한 거리〉 초반에서 조폭인 주인공 병두(조인성 분)가 채무자의 집 거실에서 이 곡을 부르는 장면이 나오며 폭발적인 인기를 얻었다. 이 영화 때문에 〈땡벌〉이란 곡을 처음 알게 된 사람도 많다.

이 곡의 히트로 강진은 무명 시절 식당에서 침만 흘리던 비싼 음식도 맘껏 먹게 됐다. 2024년 5월 9일 방송된 KBS2 〈박원숙의 같이 삽시다〉에 출연한 강진은 "아내가 어느 날 장어 한번 원 없이 먹어보라길래 7마리를 먹고 밥도 두 공기 먹었다. 가게 사장이 장사 25년 하면서 7마리 먹는 사람 처음 본다더라. 그렇게 한이 맺혔었다"고 말했다. 또한 "〈땡벌〉의 성공으로 많을 땐 하루에 행사를 7개씩 했다. 출연료도 10배 상승했고, 〈막걸리 한잔〉까지 뜨고는 20배가 됐다"고 밝혔다.

2015년 2월 28일 방송된 MBC 〈휴먼다큐 사람이 좋다〉에 출연한 강진은 "항상 조인성에게 감사하고 있다"며 "우리 멋진 배우 조인성이 〈땡벌〉을 불러줬기 때문에 내가 불렀을 때보다 젊은이들에게 호응을 얻어 큰 사랑을 받은 것 같다"고 고마움을 전하기도 했다. 강진은 또한 인생곡을 선물한 나훈아에 대해 "가수로서 나를 낳아주신, 항상 잊을 수 없는 선배"라고 했다.

♩ 무시로

· 펑키 디스코 리듬 기반
· 가성으로 톤 변화 주며 사운드에 색채감 더해

작사 · 작곡 나훈아 / 편곡 김기표
1988년 3월 15일 발매한 [나훈아 골든디스크] 수록

"이미 와버린 이별인데 슬퍼도 울지 말아요
이미 때늦은 이별인데 미련은 두지 말아요
눈물을 감추어요 눈물을 아껴요
이별보다 더 아픈 게 외로움인데
무시로 무시로 그리울 때 그때 울어요"

곡명 〈무시로〉는 '특별히 정해진 때가 없이 아무 때나'
라는 뜻이다. 실연의 아픔이나 연인에 대한 그리움, 고향
에 대한 향수 등 어둡고 우울한 분위기의 1980년대 트로
트와 달리 이별 이후의 심리 상태를 매우 섬세하게 포착

하려고 했다.

하나라도 빼려야 뺄 게 없는 가사다. 누구나 느낄 수 있는 보편적 감정을 가장 쉬운 어법으로 써 내려간다. 티끌 하나 없다. 책을 쓰기 위해 많은 관계자와 접촉했는데, 그들 모두 마치 입을 맞추기나 한 듯 똑같이 말한 게 있었다. "노랫말이 정말 예술"이라는 게 그것이다. 〈무시로〉만 봐도 잘 알 수 있다.

펑키 디스코 리듬 기반의 이 곡은 탁월한 보컬로서 나훈아의 관록을 다시 한번 읽을 수 있게 한다.

노래가 시작되는 0:22 "이미 와버린 이별인데 슬퍼도 울지 말아요"부터 감탄사가 절로 나온다. 나훈아는 '말~아요'의 '말'에서 순간적으로 가성으로 발성을 바꾸고 있다. 찰나의 순간이지만 이 짧은 발성의 톤 변화만으로 노래 초반부터 매력이 극대화되고 있다. 이처럼 〈무시로〉는 육성 사이에 아주 짧게 가성을 배치해가며 색채적인 디테일을 더하는 게 특징이다. 물론 특유의 나훈아표 꺾기도 함께하며. 이런 방식의 가성 처리는 결코 쉬운 게 아니다. 가성이라고 해서 다 같은 가성이 아니라는 말이다. 아주 오랫동안 노래를 해온 고수들에게서나 볼 수 있는 경지다. 더욱이 그게 나훈아인 만큼 최상급의 최상급이다.

🎵 사랑

· 새벽에 일어나 5분 만에 완성
· 곡의 완성도에 편곡자도 감탄

작사·작곡 나훈아 / 편곡 정경천
1983년 4월 1일 태양음향에서 발매한 ['83 4집 - 사랑 / 하얀새] 수록

"이 세상에 하나밖에 둘도 없는 내 여인아"로 시작하는
이 곡은 누구나 한 번쯤 들어봤을 정도로 유명한 작품이
다. 지그시 바라보고 있기만 해도 사랑이 무럭무럭 싹트
는 듯한 달콤한 표현들이 노랫말에 가득하다. 이러한 기
조에 맞춰 나훈아의 가창 또한 따뜻하고 정감이 넘친다.
대평원을 호령하는 사납고 용맹한 사자의 카리스마가 아
니라 평화롭고 순한 양의 이미지다.

곡에 얽힌 흥미로운 일화가 있다. 필자와 인터뷰에서
김기표 감독은 이렇게 말했다.

"어느 날 나훈아가 〈사랑〉이란 곡을 피아노로 치며 노

래하고 있었어요. 저는 노래를 처음 듣는 순간 너무 좋았습니다. 진짜 멋진 곡이 나오는구나 하고 생각했으니까요. 그래서 '이건 편곡하지 말고 그대로 발매해도 좋을 것 같다'고 말했어요. '내가 피아노를 연주할 테니 형님은 노래만 하세요'라고."

손댈 곳이 없을 만큼 곡의 완성도가 얼마나 대단했나 알 수 있게 하는 일화다.

또한 〈사랑〉은 나훈아가 불현듯 영감이 떠올라 새벽 3시쯤 자다가 일어나 5분 만에 만들었다. 그의 많은 명곡이 주로 새벽 기운을 받아 세상에 나왔다. 노랫말과 멜로디 등 어디 하나 빈틈을 찾을 수 없는 이 곡도 새벽 시간에 신들린 듯 써 내려가며 완성한 것이다.

어쨌든 이렇게 해서 〈사랑〉이 세상에 나왔다. 편곡은 정경천이 맡았다. 그도 이 곡을 처음 접한 순간 곡이 너무 좋았다고 했다. 원곡이 좋으면 편곡은 물론 세션 연주자 등 모든 관계자도 그만큼 더 빠르게 영감을 얻게 된다. 정경천 편곡자 역시 그래서 더 곡에 집중할 수 있었다. 그 결과 3시간 만에 편곡을 끝냈다고 필자에게 말했다.

🎵 사랑은 눈물의 씨앗

· 국보급 꺾기와 비브라토 기술이 나오기 시작
· 영화 주제곡으로도 많은 사랑

작사 남국인 / 작곡 김영광 / 편곡 마상원
1969년 5월 20일 오아시스레코드에서 발매한 [나훈아 스테레오 힛트앨
범 제1집 – 임그리워 / 사랑은 눈물의 씨앗] 수록

1970년대에 어린 시절을 보냈거나, 이미 성년이던 사람 모두 "사랑이 무어냐고 물으신다면 눈물의 씨앗이라고 말하겠어요"라고 시작하는 이 곡을 들어보지 못한 사람은 없을 것이다. 그만큼 당대를 대표하는 빅히트곡이자 국민가요인 셈이다.

〈사랑은 눈물의 씨앗〉은 나훈아를 유명하게 만든 곡일 뿐 아니라 당시 많은 사람이 이 곡을 따라 불렀다. 필자 역시 마찬가지였다. 가사가 뭘 의미하는지 이해하기 힘든 나이였음에도 남진의 〈님과 함께〉와 함께 열심히 따라 부른 기억이 난다.

1969년 개봉한 고영남 감독의 영화 〈사랑은 눈물의 씨앗〉 주제가로 사용되기도 했다. 이 영화는 윤정희, 남궁

원, 최무룡, 최인숙 등 당대 최고의 스타들이 출연해 장안의 화제를 모았다. 많은 사랑을 받은 영화인 만큼 유명 극장가에서 개봉이 끝난 후에도 전국의 2류급 영화관에서도 개봉이 계속되며 오랫동안 극장 간판을 장식했던 걸로 기억한다.

〈사랑은 눈물의 씨앗〉은 1969년 처음 발매 이후 초판과 다른 자켓으로 1970년 3월 [나훈아 스테레오 힛트앨범 제1집]으로 선보였다.

〈천리길〉 등 여러 곡을 들어보면 초기 나훈아는 〈머나먼 고향〉과 〈고향역〉, 〈해변의 여인〉으로 이어지는 자신의 1970년대 빅히트곡들과 톤이 약간 다른 걸 알 수 있다. 〈사랑은 눈물의 씨앗〉도 마찬가지다. 음색의 차이는 있지만 그 특유의 국보급 꺾기와 비브라토 기술은 이 곡에서도 잘 나타나 있다.

노랫말을 쓴 남국인은 작곡가 김영광과 동갑이다. 당시 남국인은 작곡가 백영호 아래서 작곡 공부를 했으며 낚시를 즐겼다. 이때 시골 마을 어느 담벼락에 씌어 있던 농작물 씨앗 판매 광고에서 '씨앗'이라는 글귀를 봤다. 그는 낚시터에서 노랫말을 지었으며, 훗날 남국인 집에 왔던 김영광이 그 가사를 보고 5분 만에 멜로디를 썼다고 한다. 〈사랑은 눈물의 씨앗〉은 10만 장 넘게 팔렸다. 이 노래로 나훈아는 그해 연말 MBC 10대 가수상을 받았다.

🎵 시나브로

- 세련되고 품격 어린 '숨은' 명곡
- 나훈아도 녹음 내내 "너무 좋은 곡"이라고 감탄

작사 지명길 / 작곡·편곡 정경천
2019년 5월 3일 발매한 [벗2] 수록

〈시나브로〉(모르는 사이에 조금씩, 조금씩)는 나훈아의 열혈 팬이라면 잘 알고 있겠지만 일반인에겐 낯설 수 있는 곡이다. 나는 이 곡을 나훈아의 많은 노래 중에서도 숨은 명곡이라고 자신 있게 말하고 싶다. 흐름이 자연스럽게 이어지면서 매우 세련됐고 품격마저 느껴질 정도다. 개인적으론 이 곡을 뒤늦게 알았지만 노래가 너무 멋져 이후 거의 매일 들을 만큼 애청할 정도였다.

경어체로 잔잔하게 노래하지만 표현 하나하나에 남다른 깊이와 설득력이 있다.

"나는 당신이 무엇을 바라는지 모릅니다

나는 당신이 내 마음 아는지도 모릅니다

그럼에도 나는 당신의 모든 것이 좋았습니다

아무래도 나는 또 사랑에 갇혀 버렸습니다

아 사랑을 누가 이긴답니까

아 사랑을 누가 버린답니까

불현듯이 왔다가 마음대로 가는 사람

시나브로 왔다가 태풍처럼 가는 사랑

아무래도 나는 또 사랑에 묶여 버렸습니다"

〈시나브로〉를 작곡·편곡한 정경천은 필자에게 "노래를 할 줄 아는 사람이 불러야 하는 곡"이라고 말했다. "이 정도의 곡은 나훈아가 얼마든지 부를 수 있다는 전제하에 좀 더 고급스럽게 만들려고 했다"며 "이런 노래 정도는 불러야 가수 대접을 받을 것이란 생각에서 쓴 곡"이라고 덧붙였다.

이 곡은 〈테스형!〉이 나오기 바로 전의 작품이기도 하다. 당시 오아시스레코드의 작곡가들 여럿이 곡을 줬는데 그중에서도 이 곡이 가장 좋다고 여긴 음반사가 음반의 사이드 1에 곡을 수록할 정도였다. 그만큼 관계자들도 너무 마음에 들어 했던 것이다.

이런 류의 노래는 결코 감정선을 표현하기 쉽지 않다. 곡에서 풍기는 특유의 격조도 대단하다.

이 곡을 받은 나훈아는 곡을 쓴 정경천에게 "이 곡 정말로 정 선생께서 쓰신 게 맞냐?"라며 놀라움을 금치 못했다고 한다. 그만큼 곡이 마음에 들었던 것이다. 나훈아는 녹음에 임하기 전 곡을 처음 부를 때부터 레코딩, 그리고 믹싱 작업이 끝날 때까지 "너무 좋은 곡"이란 말을 수도 없이 많이 했다고 한다.

"그러나 이후 나훈아는 이 곡을 거의 부르지 않았어요. 그래서 많이 아쉬워요. 이런 곡이야말로 더 많이 알려졌으면 합니다."

- 정경천

정경천은 다른 가수가 〈시나브로〉를 부르게 된다면 무료로 편곡해줄 의향이 있다고 할 만큼 지금도 이 곡에 대한 애정이 각별하다.

🎵 영영

· 나훈아 집의 지하 작업실에서 곡 설계
· 오케스트레이션의 풍요와 격조 함께

작사 · 작곡 나훈아 / 편곡 김기표
1990년 11월 28일 아세아레코드에서 발매한 [25주년 신곡 New
Album] 수록

"잊으라 했는데 잊어 달라 했는데 / 그런데도 아직 난 너를 잊지 못하네"라고 시작하는 가사에서 알 수 있듯이 사랑하는 여인을 영영 잊지 못할 것이라는 내용을 노래했다. 이 곡은 발매되자마자 중장년층에게 폭발적인 반응을 얻으며 노래방 최고 애창곡 중 하나가 됐다.

나훈아와 함께 이 곡을 작업한 유명 편곡자인 김기표 감독은 필자에게 이렇게 말했다.

"〈영영〉이란 곡을 작업하기에 앞서 나훈아 님과 많은 얘기를 나눴습니다. 그분 집에 있는 지하 작업실에서 밤새가며 의견을 교환했죠. 나훈아 님은 〈영영〉 인트로를 이런 식으로 하면 좋겠다, 저 부분에선 이런 건 어떨까 등등 이런저런 아이디어를 계속 제안했어요."

김기표 감독은 평소 나훈아와 음악을 하며 그의 번득이는 아이디어와 음악 소양에 감탄해왔다. 〈영영〉이란 곡에 대한 여러 아이디어를 듣는 순간에도 아이디어가 너무 좋게 여겨졌다고 한다. 김 감독은 나훈아의 지하 작업실에서 나와 곧바로 자신의 작업실로 가 나훈아가 말한 대로 작업에 임했다. 이렇게 해서 〈영영〉이 세상에 나오게 된 것이다.

〈영영〉은 전체적으로 클래식 작법에 기초한 사운드로 진행하고 있다. 오케스트레이션의 클래시컬한 격조와 풍요로움에 피아노, 여기에 규모 있는 코러스 편성까지 가세하고 있다. 그리고 주의 깊게 들어보면 작은 소리로 일렉트릭 기타까지 리듬에 참여하고 있는 걸 알 수 있다. 물론 이 모든 음악 조형도의 1차 설계자는 나훈아인 것이다.

🎵 울긴 왜 울어

- 록 스타일로 강하게 표현한 트로트
- 당대의 음악인들과 밴드 구성으로 작업

작사·작곡 나훈아 / 편곡 김기표
1982년 5월 27일 태양음향에서 발매한 [울긴 왜 울어 / 잡초] 수록

이별한 사람에 대한 미련 때문에 눈물짓지 말라는 노래다. 트로트를 록의 강한 어법으로 표현한 게 특징이다.

이 곡은 이미 장충 녹음실에서 트로트 스타일로 편곡 작업이 끝난 상태였다. 그런데 관계자가 나훈아에게 "록도 잘할 뿐 아니라 트로트까지도 새로운 스타일로 핫하게 편곡하는 김기표라는 사람이 있는데, 그를 만나보라"고 귀띔했다. 이렇게 해서 유명 편곡가 김기표가 나훈아와 처음 작업한 곡이 〈울긴 왜 울어〉다.

나훈아와 처음 만난 자리에서 김기표는 "4인조 밴드 구성으로 록 스타일의 편곡을 하고 싶다"고 했다. 나훈아는 록 사운드로 해보고 싶다는 그의 말에 100% 동의하는 것 같진 않았다고 김기표는 당시를 회상했다. 나훈아는 "작업 시간을 얼마나 주면 되겠느냐"고 물었고, 김기표는 "일주일만 달라"고 했다. 며칠 후 나훈아는 김기표가 일하는 업소(나이트클럽)를 찾아왔다. 이때 김기표와 업소에서 연주하던 멤버들이 이남이(베이스), 문영배(드럼), 이근수(키보드) 등 기라성 같은 라인업이었다. 물론 기타는 감기표.

이들의 연주를 보고 크게 놀란 나훈아는 바로 곡 작업을 맡기기에 이른다. 이렇게 해서 이 라인업으로 〈울긴 왜 울어〉를 록 스타일로 녹음했다. 이 곡에 깊은 인상을 받은 나훈아는 이후 "내가 김기표 때문에 〈울긴 왜 울어〉부터 완전히 음악이 바뀌었다"고 말할 만큼 김기표에 대한 신뢰가 더욱 깊어졌다.

〈울긴 왜 울어〉는 거의 하드록에 버금갈 만한 강렬한 일렉트릭 기타가 시종 등장한다. 1968년형 깁슨 레스폴 기타의 굵고 파워풀한 톤이다. 나훈아의 노래 사이사이 짧게 기타로 반주하는 오블리가토에서 특히 이러한 록의 감성을 여실히 접할 수 있다. 김기표가 강조한 '록 스타일 편곡'의 대표적인 예다.

나훈아는 1982년 새 앨범을 발표했는데 동부이촌동의 서울스튜디오에서 대대적인 규모의 신곡 발표회를 열었다. 이 자리에서 나훈아는 타이틀 선정 투표를 했고 〈울긴 왜 울어〉가 98표로 1위, 〈잡초〉가 48표로 2위를 차지했다. 이렇게 해서 〈울긴 왜 울어〉가 타이틀이 되며 발매 후에도 많은 사랑을 받았다.

🎵 죽는 시늉

· 강함에서 달콤, 애절함까지
· 한 곡에 다양한 표정 담아

작사 · 작곡 나훈아 / 편곡 김기표
2017년 7월 17일 발매한 [Dream Again] 수록

"아무리 둘러봐도 당신만한 사람은 없어

아무리 찾아봐도 당신만큼 예쁜 사람은 없어

내 눈엔 당신입니다

오로지 당신입니다

…

어떻게 하면 내 맘 알까요

죽으라면 죽는 시늉까지 할께요"

오로지 당신만을 사랑하겠다는 내용의 곡이다. 이렇게 가사로 풀어내는 나훈아의 스토리텔링 역량도 대단하다랄 밖에.

[Dream Again] 앨범을 발매하며 나훈아 소속사 윤중민 대표는 소개 글에서 이렇게 쓰고 있다.

"나훈아는 이번에 다시 10년 99일 만에 나와 처음 만났을 때도 첫마디가 '우리 겸손하자'였다. … 충실하게 반복되는 연습 또 연습만이 특별한 것을 만들어낼 수 있다고 굳게 믿고 있는 나훈아는 다시 시작되는 음악 인생을 시작하며 내게 이런 말을 한다. '죽기 전에 죽을 만큼 꿈을 피우겠네!'"

바로 이런 게 나훈아의 본모습이고 그만의 진정성이다. 이러한 삶의 태도이기 때문에 이처럼 깊고 다채로운 스토리텔링을 세상에 내놓을 수 있던 것이 아닌가 한다.

이 곡은 강하고 달콤하다가도 애절하다. 노래 한 곡에 다양한 표정이 깃들어 있다. 어쿠스틱 기타 인트로와 코러스의 회고적 무드에 이어 노래가 시작된다. 이 곡에서

나훈아는 간간 소리를 모으는 듯한 발성으로 톤에 입체
적 변화를 주고 있기도 하다. 그래서 이쁜 결의 소리지만
힘 있고 밀도 높게 잘 뭉쳐 뻗어나간다. 70의 나이임에도.
비브라토 또한 여타 곡들과 달리 강하지 않은 떨림으로
따뜻한 온기마저 느끼게 구사하고 있다.

🎵 찻집의 고독

- 이 곡 부를 때 문제의 시민회관 테러 발생
- 여러 커버 있지만 나훈아 버전이 베스트

작사·작곡·편곡 박정웅
1971년 12월 21일 오아시스레코드에서 발매한 [나훈아 스테레오 앨범 제
8집 – 머나먼 고향 / 찻집의 고독] 수록

〈찻집의 고독〉을 쓴 작곡가 박정웅은 중매인의 소개로
다방에서 여성을 만나기로 했다. 그러나 아무리 기다려
도 나타나지 않았다. 기다림에 지친 박정웅은 당시의 느
낌을 수첩에 적었고, 이렇게 해서 탄생한 곡이 〈찻집의 고
독〉이다.

박정웅은 1969년 유지나에게 이 곡을 부르게 했지만

별 반응을 얻지 못했다. 그래서 돌씨스터즈에게 두 번째로 취입시켰지만 역시 반응이 별로였다. 박정웅 작곡가는 가수 선정에 문제가 있다고 여겨 1971년 나훈아에게 세 번째로 취입시켰고 대성공을 거두게 된다. 이 곡을 수록한 [나훈아 스테레오 앨범 제8집]엔 〈찻집의 고독〉 외에 〈해변의 여인〉, 〈머나먼 고향〉, 〈사랑은 장난이 아니랍니다〉 등 여러 유명 곡이 수록돼 있다.

나훈아가 1972년 6월 시민회관(현 세종문화회관) 공연 중 괴한이 깨진 사이다병을 휘둘러 중상을 입은 사건이 있었다. 바로 앙코르곡으로 〈찻집의 고독〉을 부를 때 일어난 사건이었다. 따라서 나훈아에게도 〈찻집의 고독〉은 평생 잊을 수 없는 트라우마로 남았고, 두 번 다시 공연장에서 이 곡을 노래하지 않았다.

1992년 12월 7일 방송된 임성훈·장윤정 진행의 KBS 2TV 〈밤으로 가는 쇼〉에 출연한 나훈아는 "그때 78바늘을 꿰맸다"며 "왼쪽 얼굴을 심하게 찔리며 뺨의 살이 다 벗겨져 어깨 쪽으로 내려왔을 정도였다. 급히 화장실로 가 벗겨진 살을 얼굴에 갖다 댄 채 병원으로 갔다"고 당시를 회상했다. 나훈아는 이렇게 말했다.

"조명을 받고 있기 때문에 무대에선 앞의 관객석이 보이질 않는다. 〈찻집의 고독〉을 노래할 때도 팬이 무대로 올라오는 줄 알고 그에게 손을 내밀었다. 오른손으로 마이크를 잡았기 때문에 왼손으로 악수를 청하는 순간 느닷없이 뭐가 하나 들어왔다. 순간 퍽 소리가 나며 정신이 핑 돌았다. 평소 운동을 해왔기 때문에 그 순간 나도 모르게 '이놈이 나를 죽이려 하는구나'란 생각이 번쩍 들며 반사적으로 상대를 향해 주먹을 날렸다. 피가 온몸으로 뚝뚝 떨어지고 있는 상황인데 밑에서는 이게 연극(설정)인 줄 알고 있었다.

이처럼 관객석에선 쇼인 줄 아는 사이에도 무대에선 괴한과 맞섰고 이러는 사이에 깨진 병을 든 괴한은 한 차례 더 얼굴 뒤쪽을 찔렀다. 나는 불을 좀 켜달라고 했지만 연극인 줄 알고 반응하지 않았고 그러며 8~9분이 흘러버렸다. 나중에 붙잡힌 괴한이 '얼굴이 아니라 목을 찌르려고 했다'는 얘기를 들었다. 성대를 찔러서 영원히 노래를 못 하게 하려고 했던 것이다."

내가 초등학교에 다니던 1970년대 초 큰이모의 딸인

이종사촌 누나가 다방을 운영하고 있었다. 아주 어릴 때부터 음악을 좋아하던 나는 틈만 나면 이곳을 찾았고, 그때마다 엘비스 프레슬리, 냇 킹 콜, 프랭크 시나트라 등 당대의 팝스타 노래를 LP로 들을 수 있었는데, 돌씨스터즈가 부른 〈찻집의 고독〉도 이곳에서 자주 들을 수 있었다. 그래서 내 개인적으론 이 곡 하면 어릴 때 자주 듣던 돌씨스터즈 버전이 먼저 떠오른다.

이 곡은 가창 창법의 완성도 및 감정선의 깊이 등 전체적으로 놓고 볼 때 나훈아 버전이 가장 뛰어나다. 하지만 유지나만의 청순가련형 솔로 가창도 또 다른 매력이고, 돌씨스터즈가 부른 버전도 두 여성 보컬의 화음이 조화를 이루며 색다른 매력을 더한다. 두 버전 모두 꼭 들어보길 추천하고 싶다.

🎵 후회

- 강력한 복부 힘 기반해 다양한 발성 사용
- 선율 잘 타며 정확한 딕션 처리

작사 임영일 / 작곡 이인권

1971년 10월 1일 오아시스레코드에서 발매한 [나훈아 스테레오 힛트앨범 제6집 – 후회 / 가지마오] 수록

"내가 먼저 사랑하던 그 사람 버려 놓고

내가 먼저 울 줄이야 나도 몰랐소

당신께 바친 정이 이다지 깊은 줄

몰랐다 몰랐다 어리석은 사나이

차라리 가슴 치며 나 혼자 울련다"

'그 사람 버려 놓고', '몰랐소', '당신께', '바친 정', '이다지 깊은', '울련다' 등 여러 표현에서 전형적인 1960~1970년대식 노랫말의 정서가 느껴진다. 가사에서 알 수 있듯이 이 곡은 연인과 이별을 먼저 통보하지만 마음이 너무 아파 괴로워하는 심정을 노래했다.

저음에서 중음, 고음에 이르기까지 한 치 흔들림 없이 알찬 소리를 구사하고 있다. 다양한 발성이 사용되고 있지만 이 모든 것엔 강력한 복부 힘을 기초로 하고 있는 게 특징이다. 그래서 더욱 가사 하나하나가 호소력 있게 다가온다. 이렇게 음압이 강한데도 발음을 정확하게 구사하며 선율을 잘 타고 있는 것도 보컬 황제다운 면모다. 2:57

"알면서 알면서 쓰러져서 울 줄이야"의 '울 줄이~야~~'
에선 절절한 호소력의 폭풍 같은 나훈아식 비브라토가
드라마틱하게 터져 나온다.

이 곡과 〈가지마오〉를 타이틀곡으로 한 [나훈아 스테
레오 힛트앨범 제6집]엔 〈헤어져도 사랑만은〉, 〈눈물의
부산항구〉, 〈바다가 육지라면〉, 〈잊지못할 그 사람〉, 〈예전
처럼 다정하게〉, 〈사랑하고 미워도 했다〉, 〈가로등〉, 〈서산
갯마을〉 등 잘 알려진 여러 곡이 수록됐다.

이 곡을 쓴 작곡가 이인권(본명 임영일)은 1938년 박시
춘 작곡의 〈눈물의 춘정〉으로 데뷔했고, 이때부터 예명
'이인권'을 사용했다. '오케레코드' 전속가수로 활동했으
며, 1940년에 발표한 〈꿈꾸는 백마강〉이 특히 유명하다.
1950년대 이후 가수보다 작곡가로서 활동하며 조미미
〈바다가 육지라면〉 등 여러 히트곡을 썼다.

🎵 18세 순이

- 시적 표현과 상큼한 리듬의 만남
- 18세 젊음을 역동적 리듬 처리로 잘 표현

작사 · 작곡 나훈아

1983년 4월 1일 태양음향에서 발매한 ['83 4집 – 사랑 / 하얀새] 수록

18세라는 나이는 젊음의 에너지와 열정이 가장 크게 꽃피우기 시작할 때다. 신체는 물론 정신적으로도 급격히 성장하는 사춘기이기도 하다. 물론 예전의 1950~1970년 대와 달리 신체 발육이 좋아진 현재 기준으로 본다면 10대로 들어설 때부터 사춘기를 겪기도 하지만. 어쨌든 18세라는 건 파릇파릇한 젊음을 가장 상징적으로 말해준다.

"살구꽃이 필 때면 돌아온다던
내 사랑 순이는 돌아올 줄 모르고
서쪽하늘 문틈 새로 새어드는
바람에 떨어진 꽃냄새가 나를 울리네"

과연 노래이기 이전에 한 편의 시다. 시와 리듬이 상큼하고 멋스럽게 만난 사례다.

〈18세 순이〉는 일렉트릭 기타 인트로에 이어 "살구꽃이 필 때면"으로 노래가 시작된다. 노래하는 와중에도 기타의 경쾌한 피킹스트로크에 의한 리듬 배킹(반주)이 곡의 분위기를 이끌어간다. 기타를 비롯해 악기 반주를 이렇게 경쾌하게 하고 있는 이유는 〈18세 순이〉가 지향하는 것과 맥을 같이한다. 이 곡은 바로 이러한 18세 같은 젊음을 경쾌한 리듬으로 표현하고 있다.

그래서 노래가 시작되는 "살구꽃이 필 때면"부터 싱코페이션 처리로 리듬을 더욱 생동감 있게 연출한다. 나훈아는 소리를 위로 띄우는 발성으로 경쾌하고 상큼한 톤을 자주 구사하고 있다. 시종 이런 방식으로 진행되며 곡에 활력을 불어넣는 것이다. 보컬과 기타 외에 모든 섹션 연주가 이러한 경쾌·상큼의 미학을 추구하고 있다.

그리고 또 하나, 〈18세 순이〉와 같은 곡은 가사에서 전형적인 1970년대 풍경이 느껴진다. 이런 분위기의 노랫말을 '언제나 그랬듯' 정통 트로트 방식으로 불렀다면 통속적으로도 들릴 수 있었을 것이다. 그러나 나훈아는

1980년대라는 공간에서 이러한 옛 정서를 리듬으로 비틀며 분위기를 좀 더 젊은 느낌으로 새롭게 연출했다. 나훈아만의 감각이고 재치다.

여섯,

남자
또는 사내란
이름의 무게

'사내가 눈물을 보이면 안 된다', '가족부양은 남자가' 등 한국 사회는 전통적으로 강하고 책임감 있는 남성상을 요구해왔다. 이것은 유교 문화에 뿌리를 두고 있기 때문이기도 하다.

'남자는 남자답게', '여자는 여자답게'도 같은 맥락이다. 성(性)평등을 강조하는 현대사회의 기치와는 맞지 않을 수 있다. 그러나 정통 트로트에선 이와 같은 성의 특성을 강조하는 경우가 많다. 특히 나훈아의 음악은 강한 남성, 절대 비굴하지 않은 사내를 특징으로 한다. 그의 많은 곡에서 이러한 성향을 엿볼 수 있다.

"큰 소리로 울면서 이 세상에 태어나

가진 것은 없어도 비굴하진 않았다

…

소주 한잔 마시고 사내답게 잊었다

…

사내답게 살다가 사내답게 갈 거다"

– 나훈아 〈사내〉 중

〈남자의 인생〉이란 곡에선 가족을 위해 살아가는 아버지의 고단한 일상을 그리고 있다. 반면 〈너도 역시 여자였구나〉에선 "하루라도 나 없이는 못산다면서 … 떠나가는 너도 역시 여자였구나"라고 노래한다.

그런데 나훈아는 음악에서만 이러는 게 아니라 실생활에서도 그대로 실천하고 있는 것이다.

이처럼 음악과 삶이 너무 비슷해 대중은 그의 노래를 더욱 좋아하는 것인지도 모른다. 그 자신이 곧 전형적인 '남자'이자 '사내'인 나훈아, 그의 이러한 면모가 잘 나타나 있는 노래들을 살펴보기로 한다.

🎵 남자라 울지 못했다

· 탁월한 소리 볼륨 조절
· 강한 딕션과 달리 리듬은 유연하게 진행

작사 나훈아 / 작곡 이현진 / 편곡 송태호

2005년 9월 14일 발매한 [벗: 40주년 기념앨범] 수록

앞에서 언급한 '남자는 이래야 한다'는 나훈아의 남성 관 또는 그가 생각하는 바람직한 사내라는 이미지를 가장 압축적으로 보여주는 노래가 바로 〈남자라 울지 못했다〉다. 전통적인 가부장적 체제의 남성상과 맥을 같이하지만, 또한 세파에 흔들리지 않는 '강한 남자'의 전형을 나훈아가 보여주고 있기도 하다.

"가슴이 아프지만
아무렇지 않은 듯
웃으며 너를 보냈지만
그 웃음은 거짓이었다
잘가라 행복해라
멋진 말은 다 했지만
아냐 아냐 그것은 아냐
남자라 울지 못했다"

이 몇 줄의 가사에 모든 게 함축돼 있다.

D-Bm-G-A7 코드 중심으로 흐르는 〈남자라 울지 못했다〉는 나훈아만의 탁월한 소리 볼륨 조절 및 나훈아표 비브라토가 매우 큰 폭으로 떨어대며 듣는 이의 감정을 격하게 흔들어댄다. 딕션 처리를 매우 강하게 하고 있음에도 리듬을 자연스럽게 잘 타며 리드미컬한 진행을 보이는 것도 특징이다. 그런데 코러스 세션 파트에서 "우우우~"나 "와리와리 와와와와"라고 화음 서포트를 하는 이유를 잘 모르겠다. 이 곡의 분위기와 너무 낯설게 들리기 때문이다.

곡을 쓴 작곡가 이현진은 나훈아의 〈남자라 울지 못했다〉와 〈첫사랑의 꿈〉 등을 작곡했다. 이외에 김세레나, 이상열, 김부자, 이수미, 문정선, 방주연, 바니걸스, 조영남, 한명숙 등의 곡을 썼다.

🎵 남자의 인생

· 리듬에 변화를 주는 가운데
· 소시민 가장의 일상을 맛깔스럽게 표현

작사 · 작곡 나훈아 / 편곡 김기표

나훈아가 오랜 침거 끝에 2017년 7월 17일 발매한 정규앨범 [Dream Again] 타이틀곡

〈남자의 인생〉은 "광화문 사거리서 봉천동까지 전철 두 번 갈아타고 / 지친 하루 눈은 감고 귀는 반 뜨고 졸면서 집에 간다", "홍대에서 버스타고 쌍문동까지 서른아홉 정거장 / 운 좋으면 앉아가고 아니면 서고 지쳐서 집에 간다" 등 가사만으로도 힘든 출퇴근이 폐부에 와닿을 정도로 가족을 위해 살아가는 아버지의 고단한 일상을 감성적으로 잘 표현했다. 그만큼 삶의 소중함과 가족의 중요성을 일깨워주고 있다. 나훈아가 지향하는 책임감 강한 남성상의 모습이기도 하다.

앨범 발매에 앞서 나훈아 소속사 '예아라 예소리' 윤중민 대표는 "나훈아가 그동안 가슴에 담은 꿈을 세상에 꺼내놓은 앨범"이라며 "이런저런 이유로 마음을 다치고 지쳐 있는 국민께 큰 위로를 줄 수 있는 음악이 담겼다"고 밝혔다. 나훈아는 유튜브에 공개한 〈남자의 인생〉 뮤직비디오에서 백발의 외모로 스탠딩 마이크를 잡고 노래하며 특유의 카리스마를 보여주기도 했다.

나훈아는 노래 초반부터 싱코페이션 등을 자연스럽게

넣으며 이러한 소시민의 정서를 맛깔스럽게 표현한다. 미국의 컨트리 기타 스타일을 연상케 하는 기타 오블리가토도 서민적 감성을 더해준다. 'ㄹ' 발음에서 혀를 굴리며 길게 강조하기도 한다. 이런 발음 스타일은 〈남자라 울지 못했다〉에서도 들을 수 있던 딕션 방식이다.

힘들지만 그럼에도 희망(꿈)을 잃지 않고 살아가는 보통 사람들의 일상을 어떠한 과장도 없이 잘 그린 작품이다. 'Dream Again'이라는 앨범명 취지에도 너무 잘 부합하는 내용이다.

🎵 사나이 눈물

· 미국 체류 때 나훈아를 울린 곡
· 꺾기 발성은 약하게, 스트링 사운드 부각

작사 · 작곡 나훈아 / 편곡 방기남
1987년 6월 10일 발매한 [사나이 눈물 / 님 / 땡벌] 수록

2017년 11월 3일 서울 올림픽공원 올림픽홀에서 열린 나훈아 콘서트는 많은 화제를 모았다. 이 자리에서 나훈아는 미국에서 겪은 일을 소개하기도 했다. 현지에서 차

를 빌려 운전하던 중 라디오를 켰는데 한국 관련 채널에
서 자신의 곡인 〈사나이 눈물〉이 나와 펑펑 울었다고 말
했다. 그리고 〈사나이 눈물〉을 부르며 눈물을 흘렸다.

"흘러가는 뜬구름은 바람에 가고
허무한 내 청춘은 세월에 가네
취한 김에 부르는 노래 끝도 없는 인생의 노래
아아 아아아 아아 뜨거운 눈물 사나이 눈물
웃음이야 주고받을 친구는 많지만
눈물로 마주앉을 사람은 없더라
취한 김에 부르는 노래 박자 없는 인생의 노래
아아 아아아 아아 뜨거운 눈물 사나이 눈물"

노랫말만으로도 가슴을 적시게 한다. 더욱이 멀고 먼
타지에서 이런 내용의 곡을 듣는다면? "펑펑 울었다"는
나훈아의 말에 설득력이 있다. 울지 않는 사나이가 자신
의 곡을 들으며 울었다는 것도 흥미롭다.

여러 유명 곡에서와 달리 〈사나이 눈물〉에선 나훈아
특유의 꺾기가 크게 나타나지 않지만 이미 한 몸처럼 된

감정 표현의 수단이기 때문에 노래 요소요소에서 과하지 않게 사용되고 있다. 또한 이 곡은 다른 악기 파트보다 스트링 세션이 강하게 부각되고 있는 게 주목된다. 비슷한 주제를 노래할 때 기타 또는 관악기 등이 많이 사용된 만큼 여기에선 사나이 눈물이란 주제를 통속적으로 흐르지 않게 하기 위해 그랬을 수도 있다. 또는 〈땡벌〉 등 같은 앨범에 수록된 곡들에서 기타 비중이 높은 만큼 〈사나이 눈물〉에선 '다른' 구성을 위해 스트링을 강렬하게 내세운 것일 수도 있다.

이 곡을 편곡한 방기남은 정수라 〈아! 대한민국〉, 민해경 〈내 인생은 나의 것〉, 최백호 〈입영전야〉 등의 편곡자로 유명하다. 윤항기, 박일남, 국보자매, 차도균, 서수남, 서울시스터즈, 방실이 등 많은 가수와 작업했다.

🎵 사내

· 펑키 소울의 유연한 그루브로 사내 표현
· 진정한 사내란 '외유내강'임을 암시

작사·작곡 나훈아 / 편곡 김성주

"큰 소리로 울면서 이 세상에 태어나

가진 것은 없어도 비굴하진 않았다

때론 사랑에 빠져 비틀댄 적 있지만

입술 한 번 깨물고 사내답게 웃었다"

1970년대 후반 '가람과 뫼'가 부른 〈생일〉이란 곡이 있다. "온 동네 떠나갈 듯 울어 젖히는 소리 / 내가 세상에 첫선을 보이던 / 바로 그 날이란다"라는 가사로 유명한 노래다. 〈사내〉의 첫 가사에서도 이처럼 당당하게 태어났다는 사내의 자신감이 잘 묻어있다.

2025년 1월 12일 서울 KSPO돔(올림픽체조경기장)에서 열린 나훈아의 '2024 고마웠습니다-라스트 콘서트 서울'에서 나훈아가 마지막 곡으로 부른 곡도 〈사내〉다. 사내처럼 멋지게 끝을 장식하겠다는 다짐을 보여주듯.

그런데 특기할 점은 이렇게 씩씩하고 자신감으로 충만한 사내 이야기를 강력한 사운드가 아니라 펑키 소울의 그루브 형태로 매우 유연하게 풀어가고 있다는 것이다.

'충만하다'는 표현이 어울릴 만큼 리드미컬하게 진행되는 사운드다. 이처럼 '강함'보다 '유연함'을 이 곡의 어법으로 택한 건 아마도 '외유내강'의 메시지를 전달하고 싶었기 때문이 아닌가 한다. 진정한 사내의 모습이란 주변엔 부드럽게 대하더라고 속이 강해야 한다는.

박해수·서예지 주연의 2019년 영화 〈양자물리학〉에서 주인공 이찬우(박해수 분)는 소위 유흥업계의 화타라 불리는 인물이다. 그는 '생각이 현실을 만든다'라는 양자물리학적 신념을 인생의 모토로 삼고 있다. 황금 인맥을 자랑하는 업계 퀸 성은영(서예지 분)과 함께 부패 권력에 맞서 싸운다. 영화에서 이찬우가 부르던 노래도 나훈아의 〈사내〉다. 영화에서 극중 인물이 나훈아의 곡을 부르는 걸 보면 더 멋있게 다가오는 건 나만의 생각일까?

일곱,

인생

나훈아 노래의 감성적 깊이와 표현력은 '노래하는 철학자'라 해도 과언이 아닐 만큼 대단하다고 앞에 쓴 바 있다. 이것은 그가 줄기차게 노래한 고향과 어머니, 사랑과 그리움, 일상 등에서 더욱 단단해져 인생을 말하는 경지로 자연스럽게 합쳐졌기 때문이다. 이는 곧 아티스트로서 내면세계의 확장이자 완성이다.

삶을 단지 흘러가는 대로 두지 않고 능동적으로 대처하려는 태도도 돋보인다. 이것은 전통 트로트와는 또 다른 결이다.

2020년 10월 3일 방송된 KBS 2TV 〈대한민국 어게인 나훈아 스페셜-15년 만의 외출〉에서 그는 이렇게 말하고 있다.

"세월은 누가 뭐래도 흐르게 돼 있으니 이왕 가는 거 끌려가면 안 된다. 우리가 세월의 목을 딱 비틀고 가야한다. 내가 하고 싶은 대로 해보고 안 가본 데로 가보고 죄 안 지어도 파출소에 캔커피 사 들고 구경 가보고, 안 하던 짓을 해야 세월이 늦게 간다. 저와 같은 마음이 되신 분들은 내일 아침 거울 한번 보시라. 틀림없이 한 5년은 젊어져 있을 거다."

"우지마라 세월 간다 아까운 청춘 간다 … 우지마라 주름진다 고운 얼굴 다 늙는다"(〈딱 한번 인생〉), "아아아 세월아 맞짱 한번 뜨고 싶다 아아 웃프다 인생아"(〈맞짱〉), "살다보면 알게 돼 일러주지 않아도 … 살다보면 알게 돼 버린다는 의미를"(〈공〉), "여보게 우리 쉬었다 가세 남은 잔은 비우고 가세"(〈세월 베고 길게 누운 구름 한 조각〉) 등 여러 곡에서 알 수 있듯이 나훈아는 바로 지금의 소중함을 강조해왔다. 그래서 현실이 힘들어도 포기하지 말고 꿋꿋하게 밀고 나가라고 노래했다. 긍정의 세계관이자 주체적 사고다. 여기에 호흡 한번 내쉬는 삶의 여유까지도 엿보인다.

"어쩌다가 한바탕 턱 빠지게 웃는다
그리고는 아픔을 그 웃음에 묻는다

그저 와준 오늘이 고맙기는 하여도

죽어도 오고 마는 또 내일이 두렵다

아 테스형 세상이 왜 이래 왜 이렇게 힘들어"

- 나훈아 〈테스형!〉 중

참으로 가사가 예술이다.

나훈아가 말하는 삶(인생)이라는 의미와 본질이 무엇
인지 그의 몇몇 대표곡을 통해 알아보기로 하자.

🎵 건배

· 힘차게 외치는 식의 뻔한 '건배' 어법 대신
· 유연한 리듬으로 푸는 재치

작사·작곡 나훈아
1989년 5월 5일 아세아레코드에서 발매한 [건배 / 초연 / 인연] 수록

건배는 하늘 또는 마를 건의 '건(乾)'과 술잔을 뜻하는
'배(杯)'가 합쳐진 말이다. 국립국어원 표준국어대사전에
서는 건배를 '술잔의 술을 다 마셔 비움', '술좌석에서 서
로 잔을 들어 축하하거나 건강 또는 행운을 비는 일'로 정

의하고 있다.

〈건배〉를 수록한 [건배 / 초연 / 인연] 앨범의 사이드 1엔 〈초연〉을 시작으로 〈건배〉, 〈누가〉, 〈희야〉, 〈사나이 눈물〉, 〈고독〉이 수록됐고, 사이드 2엔 〈인연〉, 〈부부〉, 〈당신의 의미〉, 〈비 내리는 영동교〉, 〈무정가〉, 〈유정〉 등 총 12곡이 수록돼 있다. 그리고 음반 하단에 '문공부 등록 제12호 및 89년 5월 5일 아세아레코드 제작'이라고 명기돼 있다. 5월 5일은 어린이날이다. 그럼 어린이날에 '건배'를 한다는 것인가 하고 오해할 수도 있을 것 같다. 아마 음반 제작 스케줄상 사정이 있었던 걸로 보인다.

이 곡은 초반부터 일렉트릭 기타와 어쿠스틱 기타를 적절히 배치해가며 트로트 특유의 정서를 잘 표현하고 있다. Em와 Am, B7 등을 중심 코드로 사용하고 있으며, 나훈아는 노래가 시작되는 0:24 "냉정한 세상 허무한 세상 / 알고도 속고 모르고도 속는 세상"부터 경쾌하게 리듬을 타며 가창한다. 그러다가 0:47 "가는 세월에 저가는 청춘에"에서 잘 모은 소리를 한 방에 크게 쏘며 감정을 고조시킨다.

'건배'가 지닌 "함께 축하하며 크게 외친다"는 의미로

본다면 노래 또한 씩씩하고 각진 사운드를 구사해야 하지만 나훈아는 오히려 이러한 부분을 경쾌하고 유연한 리듬으로 풀어간 것이다. 이 또한 어디에선가 꼭 한 번은 허를 찌르는 나훈아식의 신선한 발상 중 하나랄 수 있다.

♪ 고장난 벽시계

- 탁월한 표현력의 노랫말에
- 리듬 변화로 역동적 사운드 연출

작사 윤중민 / 작곡 박성훈 / 편곡 정경천
2005년 9월 14일 발매한 [벗: 40주년 기념앨범] 수록

나훈아는 음악 인생 후반으로 들어가며 리듬을 매력적으로 연출하는 쪽에 더 많은 관심을 보였다. 이러한 징후는 1980년대부터 드문드문 보이다가 1990년대부터 2000년대로 접어들며 본격적으로 나타났다. 〈고장난 벽시계〉도 그중 하나다.

시계가 고장 나서 작동이 되지 않는데 오히려 이 상태를 고장 난 상태, 즉 '정'이 아닌 '동'적으로 표현하는 방식을 취했다. 리듬에 역동적인 변화를 줌으로써 역설적으로 더욱 강한 설득력을 갖게 된 것이다. 살짝 비틀어대는 나훈아식 음악적 어법이기도 하다.

시계는 고장이 나 작동이 멈추기도 하는데 세월만큼 은 어떠한 고장도 없이 잘만 흘러가는 걸 아쉬워하는 노 랫말이 인상적이다. "고장난 벽시계는 멈추었는데 저 세 월은 고장도 없네"라는 구절은 기가 막힌 표현력이다. 윤 중민은 나훈아 소속사 대표로 전문 작사가가 아님에도 이렇게 멋진 곡을 썼다. 이 곡에 깊은 인상을 받은 필자 는 혹시 윤중민이 쓴 다른 곡도 있나 해서 찾아보게 됐다. 그래서 한국음악저작권협회에 들어가 보니 〈고장난 벽시 계〉 한 곡만 등록돼 있어 아쉬웠다.

이 곡을 편곡한 정경천은 〈고장난 벽시계〉도 평소처럼 금세 작업을 마쳤지만, 박성훈 작곡가가 전주 부분만 바 꿔달라고 해서 한 차례 수정을 거쳐 완성하게 됐다고 필 자에게 말했다.

시작부터 매우 활기찬 인트로가 나오고, 브라스 섹션 의 힘찬 사운드까지 가세해 곡에 활력을 더해준다. 특유 의 멋스러운 꺾기와 함께 나훈아의 가창이 구성지다. 이 를 통해 가는 세월이 야속하지만 그럼에도 슬퍼하지 않고 받아들이려는 낙천적인 인생관이 엿보인다. 매우 경쾌한 리듬에 실어서….

🎵 공

· 심오한 주제를 지루하지 않게
· 스타일리시한 리듬으로 풀어

작사·작곡 나훈아 / 편곡 송태호
2003년 3월 30일 발매한 [공(空)] 타이틀곡

마음을 비운다는 것이야말로 가장 어려운 일이다. 살아가면서 언제나 필요한 게 생기고 그걸 해결하면 또 다른 필요가, 그리고 또다시…. 종교나 철학 등 여러 분야에서는 비우기, 즉 '공'의 중요성을 강조하고 있지만 보통 사람이 이를 행하기엔 너무 어려운 경지다. 이와 같은 철학적 성찰의 테마를 나훈아는 대중적 어법의 노래로 풀어내고 있다.

앞에서 말했듯이 나훈아의 음악 인생 후반에선 리듬 표현이 더욱 다양해지고 있는데, 이 곡에서 스타일리시한 리듬 처리를 엿볼 수 있다. 노래 초반인 0:17 "살다보면 알게 돼 일러주지 않아도”부터 싱코페이션 처리로 매우 멋스럽게 노래하고 있는 것이다. 1:44부터 나오는 “띠리 띠리띠리리 띠 띠리리리리”는 한마디로 모든 게 부질없으니 비우겠다는 의미를 너무 잘 표현하고 있는 추임새와 같은 멋진 흥얼거림이다. ‘멋지다’보다 ‘예술’이란 표현이 더 정확할 것 같다. 시작부터 감동이 밀려오는 곡인데도 불구하고 이런 것까지 삽입했으니 녹아나지 않을 사람이 어디 있겠나?

　‘공’이라는 심오한 주제를 이처럼 흥겨운 리듬으로 풀어내며 지루하지 않게 효과적으로 메시지를 전달하고 있는 그에게서 대중적인 철학자의 풍모마저 엿볼 수 있게 한다. 〈테스형!〉과 함께 〈공〉 등 몇몇 곡만으로도 나훈아는 이미 노래로 말하는 현인, 진정한 철학자의 현존이랄 수 있다.

　“살다보면 알게 돼 알면 웃음이 나지
　우리 모두 얼마나 바보처럼 사는지
　잠시 왔다가는 인생 잠시 머물다갈 세상
　백년도 힘든 것을 천년을 살 것처럼

살다보면 알게 돼 버린다는 의미를"

🎵 딱 한번 인생

· 전통 악기와 함께 우리 '흥' 표현
· 판소리와 민요 발성+트로트 창법까지

작사·작곡 나훈아 / 편곡 박용진
2020년 8월 20일 발매한 [아홉 이야기] 수록

〈남자의 인생〉에선 가족 부양을 위해 고단한 하루를 살아가는 보통 남자들을 그렸다면, 〈딱 한번 인생〉에선 주저하지 말고 인생을 즐기라고 노래한다. 인생을 대하는 나훈아의 다채로운 시선 중 하나로, 여기에선 긍정적으로 밝게 살라는 메시지를 담고 있다.

"한 번 딱 한 번 인생인데 무엇을 주저하는가
사랑 또 이별 아픔 행복 흔해 빠진 세상얘기
우지마라 세월 간다 아까운 청춘 간다
아서라 말어라 춤이나 추자 얼씨구나 더덩실"

우리가 사는 '지금'은 인생의 단 한 번뿐인 시간이다. 세월은 오는 것도 가는 것도 아닌 보통 강물처럼 흐르는 것을 내일을 걱정하고 지난 일을 아쉬워하기보다는 지금 현재를 더 소중히 하고 즐기며 살자는 내용을 노래했다.

가야금, 태평소, 대금 등 전통 악기가 함께하는 국악과 트로트의 만남이다. 판소리와 민요 발성이 트로트 창법과 섞이며 더욱 흥에 찬 표현을 구사한다. 이 곡에서 어휘 하나하나에 힘을 실어 어느 때보다도 강하게 발음을 하는 것도 이러한 맥락에서 이해할 수 있다.

이처럼 [아홉 이야기]라는 앨범은 이 곡 외에도 〈테스형!〉, 〈명자〉, 〈웬수〉 등 강한 존재감의 각기 다른 곡들을 수록해 감상의 재미를 더해준다.

작곡 및 편곡가 박용진은 〈딱 한번 인생〉, 〈명자〉, 〈내게 애인이 생겼어요〉, 〈기장 갈매기〉, 〈타투〉, 〈누망〉, 〈사랑의 지혜〉, 〈매우〉, 〈체인지〉, 〈친정엄마〉 등 나훈아의 여러 곡을 편곡했다. 또한 설운도, 문희옥, 김용임, 홍자, 우순실, 임주리, 정유경, 유현상 등 많은 가수와 작업했다.

🎵 맞짱

· 공격적이고 강렬한 발성으로
· 세월과 대적한다는 강한 의지 표현

작사 · 작곡 나훈아 / 편곡 김기표
2022년 발매한 [일곱 빛 향기] 수록

남자끼리 1:1로 싸울 때 '맞짱'이란 말을 사용하며, 모르는 사람끼리 시비가 붙었을 때도 상대에게 "맞짱 한번 뜨자"라는 말을 사용하기도 한다. 국립국어원 표준국어대사전에서는 '일대일로 맞서 싸우는 것을 속되게 이르는 말'로 맞짱을 정의하고 있다.

따라서 제목만 본다면 매우 호전적으로 다가온다. 그러나 이것은 남자끼리 치고받고 싸우는 맞짱이 아니라 "세월을 이길 장사 어디 있겠소 / 어느 누가 세월을 막을 수 있겠소", "아아아 세월아 맞짱 한번 뜨고 싶다"라는 노랫말에서 알 수 있듯이 야속하게 흐르는 세월과 맞짱을 뜨겠다는 내용이다.

비록 세월과 맞짱을 뜨는 내용이더라도 발성 전반이 대단히 공격적이고 강렬하다. 소리를 강하게 눌러서 내므로 위압적인 면모도 그만큼 크다.

〈맞짱〉은 〈반지의 제왕〉 등의 판타지물을 연상케 하는 뮤직비디오로 이목을 끌었고, 2022년 전국 순회 콘서트에서 흑갑을 입고 흑마를 탄 채 노래를 불러 화제가 됐다.

뮤직비디오는 그동안 국내 뮤직비디오에서는 보기 힘든 새로운 형식의 한국형 판타지 무협 장르로 만들었고, 나훈아가 스토리라인을 직접 구상했다고 한다. LED 스크린 촬영 및 인카메라 VFX 등의 버추얼 프로덕션을 통해 기존에는 3D 모델링과 합성으로만 표현 가능했던 다양한 공간들을 빠르고 사실적으로 묘사할 수 있었다. 이러한 새로운 기술을 통해 마왕을 물리치러 가는 영웅의 여정에 등장하는 빙하지대, 사막지대, 해골 무덤과 은행나무숲, 용암지대 등 다양한 공간들을 사실적으로 표현했다.

기타 세션은 타미김이 맡았다. 타미김은 김기표가 편곡 작업을 한 곡에서 자주 볼 수 있을 만큼 둘의 음악적 친분이 두터운 것으로 알려져 있다.

🎵 세월 베고 길게 누운 구름 한 조각

- 전형적인 4분의 3박자 왈츠 통해
- 잠시 쉬어가는 삶의 여유 제시

작사·작곡 나훈아

2006년 11월 14일 발매된 [덤: 40주년 기념앨범] 수록

〈세월 베고 길게 누운 구름 한 조각〉, 결코 외우기가 쉽지 않은 긴 제목이다. 더욱이 하늘에 떠 있는 구름이 세월을 베개처럼 베고 있다고 하니 더더욱 쉽게 와닿지 않게된다. 하지만 이 얼마나 탁월한 문학적 표현인가.

"여보게 우리 쉬었다 가세"라고 하며 나훈아가 인생을 관조하는 자세로 담담히 읊조린 노래다. 단순히 '노래'라고만 표현하기엔 그 운치와 운율이 헤아리기 힘들 만큼 깊고 다의적이다. 가히 이 정도면 자연과 풍류를 즐기며 작품화한 그 어떤 유명 시인들이 부럽지 않은 노랫말이다.

"늙은 산 노을 업고 힘들어 하네

벌겋게 힘들어 하네

세월 베고 길게 누운 구름 한 조각

하얀 구름 한 조각

여보게 우리 쉬었다 가세

남은 잔은 비우고 가세

가면 어때 저 세월

가면 어때 이 청춘

저녁 깔린 뒷마당에 쉬었다 가세

여보게 쉬었다 가세"

'늙은 산'이 노을을 업고 힘들어한다거나 저녁이 깔린 뒷마당 등 예술적인 표현이 한둘이 아니다. 그러다 보니 이러한 탄복할 노랫말에 빠져들며 감상하게 된다. 곡을 들으며 다시 한번 나훈아 필사집이 꼭 나오면 좋겠다고 여기게 됐다.

〈세월 베고 길게 누운 구름 한 조각〉은 4분의 3박자의 전형적인 왈츠 리듬을 취하고 있다. 이러한 왈츠풍으로 서두르지 않고 우아하고 격조 있게 흥을 표현하고 있다. 따라서 오랜 시간 함께 살아온 부부끼리 이 곡에 맞춰 손을 잡고 왈츠를 추며 즐겨도 좋을 것 같다는 생각이 든다. 어

쩌면 바로 이러한 모습이야말로 이 곡이 말하고자 하는
'잠시 쉬어가는' 삶의 여유, 소박한 행복이 아닐까?

🎵 인생 소풍

- 말하듯 하는 발성 창법으로
- 들뜨지 않은 '차분한' 소풍 그려

작사 김순곤 / 작곡 임종수 / 편곡 송태호
2019년 5월 3일 발매한 [벗2] 수록

소풍은 휴식을 취하기 위해 개인 또는 단체가 야외로
나갔다 오는 일을 말한다. 1970년대에 초등학교를 다닌
사람들에게 소풍은 '들뜨게' 하는 말이었다. 평소엔 입에
대기가 쉽지 않은 사이다, 환타, 콜라 등을 병째로 원 없
이 마실 수 있음은 물론 각종 고급 과자까지 잔뜩 가방에
넣고 소풍 길로 떠났기 때문이다. 보물찾기에서 두둑이
상품을 받아 오기도 한다. 물론 지금은 학교에서 소풍이
란 말 대신 '현장체험학습'이란 용어를 사용하고 있지만.
이처럼 소풍은 여전히 우리를 기분 좋게 하는 단어다.
〈인생 소풍〉은 인생을 잠깐 왔다 가는 '소풍'에 비유한

나훈아의 인생 노래 시리즈 중 하나다. 이 곡에서 나훈아
는 화려한 창법보다 말하듯 하는 방식으로 노래하고 있
다. 물론 후반으로 가며 강렬하게 가창이 이어지지만, 전
반적으로 부드럽게 어루만지듯 하는 차분한 진행이다.
'들뜬' 소풍이 아니라 이미 준비한 듯한 '차분'한 소풍을
그리고 있는 것이다. 노랫말에서 이러한 분위기가 잘 드러
나 있다.

"이 보게 어디까지 가는가

나는야 나도 잘 모른다네

종점이 어디라고 하던데

가는 대로 가보는 거지

세상에 내 뜻대로 되는 게 있었던 가

어쩌다가 나선 길인데

바람 불어도 비가 내려도

가는 데까지 가보는 거야

인생 소풍 다 그런 거 아닌가"

이 곡을 수록한 앨범 [벗2]는 작곡가 18명, 작사가

10명, 그리고 뮤지션들을 포함해 모두 204명이나 참여해
화제를 모으기도 했다.

🎵 인생은 다람쥐

- 한 치 앞을 내다보지 못하는 인생살이 노래
- 남성 트로트 가창 매력 물씬

작사·작곡 나훈아
1984년 아세아레코드에서 발매한 앨범 [슈퍼스타 나훈아 – 청춘을 돌려
다오 / 붉은 입술 / 유정] 수록

다람쥐는 나무를 잘 타지만 땅 위에서 더 많이 활동하
는 설치류로 동작이 매우 빠르다. 쳇바퀴 상자에 다람쥐
를 넣으면 다람쥐는 이 바퀴를 계속 굴리며 뛴다. 다람쥐
로선 자신이 계속 달리고 있다고 생각하지만, 바퀴는 그
자리에서만 돌아갈 뿐이다. 따라서 오늘도 변함없이 똑같
이 보내는 삶, 또는 아무리 달려도 제자리걸음 등을 말할
때 다람쥐 쳇바퀴 같다고들 표현한다.

이러한 '다람쥐 쳇바퀴'는 한 치 앞을 내다보지 못하
는 인생살이를 말해주는 것이기도 하다. 그래서 나훈아

는 〈인생은 다람쥐〉에서 "어젠 혼자 울다가 / 오늘은 행복해 웃고 / 울고 웃다 보면 세월은 흘러 / 아 인생은 그런 것"이라며 "아 인생이 뭐냐고 / 아 누가 물으면 / 아 체바퀴 속에 돌고 또 도는 / 다람쥐라 하겠네"라고 노래한다. "큰 소리로 울면서 / 태어난 그날부터 / 또다시 내일은 이별에 울 것을 / 아 인생은 그런 것"이라고.

〈인생은 다람쥐〉는 정통 트로트를 표방한 곡이다. 역시 인생 하면 트로트만 한 장르도 없지 않나? 이러한 본격 트로트의 맛을 위해 나훈아 하면 떠오르는 익숙한 가창이 고루 등장하고 있다. 특유의 꺾기는 물론 큰 폭으로 떨어대는 비브라토가 함께하며 '남성 트로트'의 매력을 한층 강조하고 있기도 하다.

유명 관상가들은 나훈아를 가리켜 전형적인 호랑이상이라고 한다. 이러한 호랑이가 인생을 다람쥐라고 노래하는 것도 재미있다. 맹수의 왕 호랑이에겐 먹잇감도 안 되는 다람쥐를 말이다.

🎵 테스형!

- 노래하는 철학자 멘토의 존재감 뿜뿜
- 녹음 뒷얘기도 흥미로워

작사·작곡 나훈아 / 편곡 김기표
2020년 8월 20일 발매한 [아홉 이야기] 수록

나훈아가 11년간 무대를 떠나 여기저기 떠돌던 시절, 힘들고 아플 때면 찾던 아버지 산소에서 쓴 글을 노랫말에 담았다. '아버지 산소', '천국'이란 단어를 노래에 사용하면 좀 무겁다고 여겨 고대 그리스의 유명한 철학자 소크라테스를 '형'이라 표현해 곡으로 완성했다. "너 자신을 알라"라는 명언을 남긴 바로 그 철학자다.

Am 키(key)의 108마디로 구성된 〈테스형!〉은 일렉트릭 기타가 강렬한 록의 어법으로 포문을 연다. 이전에 듣던 나훈아와는 전혀 다른 결이며 브라스 파트의 파워풀한 사운드까지 가세해 요소요소 더 강하게 악센트를 주고 있다. 명확한 메시지로 마치 웅변하듯 표현하는 가창 방식은 한 구절 한 구절이 폐부를 찔러댈 만큼 강한 임팩트를 준다. 미디(MIDI) 프로그래밍과 리얼 악기를 병행해 녹음한 것도 색다르다.

이 곡의 편곡자인 김기표 감독은 필자와 인터뷰에서 녹음할 때 있었던 비하인드 스토리를 공개했다.

〈테스형!〉을 녹음하러 스튜디오에 들어온 나훈아는 김기표 감독에게 악보를 건넸다. 그런데 '테스형!'이란 제목만 보이게 하고 손으로 악보 전체를 가린 채 건네는 것이었다. 그래서 김기표는 가사를 전혀 볼 수 없었고, 뭘 노래하는 곡인지도 알 수 없었다. 그 상태에서 나훈아는 "이게 무슨 뜻인지 알겠느냐?"고 물었고, 김기표는 '이게 뭐지?'라고 고민하다가 "됐어, 형"을 경상도 사투리로 발음하면 "테스형"인 줄 알고 그렇게 답했다. 대답을 들은 나훈아는 살짝 미소를 머금으며 그제야 악보를 가린 부분을 보여줬다. 가사를 본 순간 소크라테스도 나오는 등 김기표는 그 기발한 노랫말에 '와우, 이거 또 터지겠구나'란 생각이 들었다고 했다.

〈테스형!〉은 모든 파트가 춤을 추며 녹음할 만큼 신나게 작업했다. 전형적인 실연 분위기의 작업으로 레코딩을 한 것이다. 김기표 감독에 의하면 이 곡은 거의 반 이상이 나훈아가 말로 편곡을 했다고 한다. 나훈아가 "이런 것도 들어가면 좋겠다" 등등 쉴 새 없이 아이디어를 제시했던 것. 따라서 김기표는 "편곡료를 따로 빼서 드려야 할 것 같다는 생각이 들 정도"란 말까지 할 정도였다. 엄청난 내 공의 디렉터로서 스튜디오 및 공연장을 누비며 번득이는 아이디어를 쉴 새 없는 제시하는 나훈아의 면모를 여지 없이 보여주는 일화다.

기타 세션은 타미김이 맡았다. 그는 나훈아의 앨범 여러 장에서 기타 솜씨를 보인 바 있다. 앨범 프로듀서 김기표의 요청으로 기타 세션에 참여하게 된 것이다. 타미김이 스튜디오에서 세션 작업을 하는 동안 나훈아도 함께 있었다. 타미김은 이렇게 연주했다가 다시 저렇게 연주하며 "아까보다 지금이 좋지 않나요?"라는 식으로 나훈아에게 동의를 구했다. 펑크 리듬도 치는 등. 그러면 나훈아는 "거기에 이런 것도 함 넣아봐라" 하며 이것저것 꼼꼼하게 주문했다. 그러면 타미김은 중간중간 오블라가토를 삽입해가며 나훈아의 요구에 응했다. 〈테스형!〉에서 타미김은 자신이 운영하던 '타미 공방'의 스트랫 기타를 보스(BOSS) GT 프로와 BB 사운드맥시마 등의 이펙터에 연결해 기타 톤을 연출했다. 드럼은 실제 드럼과 미디 프로그래밍된 드럼 등 두 가지를 병행해 녹음했다. 타미김은 필자에게 곡이 발표되고 히트하는 걸 보며 기분이 너무 좋았다고 전했다.

〈테스형!〉은 곡의 완성도는 물론 노랫말이 기가 막히다. 나훈아는 이전에도 노래하는 철학자의 면모를 보였지만 이 곡으로 그 정점을 찍었다고 할 수 있다.

🎵 팔자

· 나훈아를 위한 맞춤형 가사로 새로 작업
· 곡명처럼 나올 때부터 히트할 '팔자'

작사 지명길 / 작곡·편곡 정경천
2005년 9월 14일 발매한 [벗: 40주년 기념앨범] 수록

〈팔자〉는 발표 이후 지금까지 여러 가수가 커버할 만큼 꾸준한 인기를 얻고 있는 곡이다. 이 곡을 쓴 정경천 작곡·편곡가로부터 〈팔자〉에 얽힌 일화를 들어봤다.

"모 선배 가수가 나한테 여러 차례 곡을 달라고 요청했어요. 그래서 그 가수에게 이 곡을 줬죠. 얼마 후 곡이 발매됐지만 별다른 홍보를 하지 않아 대중들이 전혀 이 곡의 존재를 몰랐죠. 그러던 중 그 가수가 죽었어요. 그러다 보니 〈팔자〉란 곡이 너무 아까웠습니다. 그래서 작사가에게 나훈아가 부르면 좋을 것 같으니 그것에 맞게 가사를 의뢰하게 됐어요."

완성된 가사를 본 정경천은 무척 마음에 들어 했다. 이렇게 해서 나훈아가 〈팔자〉를 부르며 곡이 본격적으로 세상에 알려지기에 이른다.

이후 여러 가수가 이 곡을 부르고 싶다며 정경천에게 부탁했지만 계속 거절했다. 그러던 중 시간이 한참 지나 강문경이 정경천을 찾아왔다. 자신의 어머니가 이 곡을 너무 좋아하신다면서 자기가 꼭 부르게 해달라는 것이었다. 그래서 정경천이 다시 편곡해 강문경이 부르게 했다. 이후 고정우 등이 리메이크하는 등 〈팔자〉란 곡은 시간이 지나며 꾸준히 많은 사람에게 사랑받는 곡으로 자리했다. 정경천은 필자에게 "이 곡은 제목처럼 히트가 될 '팔자'였다"고 말했다.

노래가 시작되는 0:25 "꿈에서 깨어보니 십년 전이~였

~~다면"은 나훈아에겐 본격 출사표에 앞서 호흡을 다듬는 정도랄 수 있지만 일반인에겐 처음부터 난도 높은 곡이랄 수 있다. 마디마디로 이어지며 폭발적인 '나훈아표' 가창이 강도를 더한다. 0:54 "천만에 천만에 그렇게는 살 수 없네 / 이 고생을 내가 왜 하나"부터 1:22 "다시 한 번만 십년만 젊어도 / 이렇게는 살지 않겠네"까지 후반으로 가며 강렬하고 절절한 호소력과 짙은 여운을 더해준다.

여덟,

경계를 허문 혁신,
그리고
풍경의 미학

🎵 낙엽이 가는 길

· 계절을 노래한 매우 희귀한 곡
· 명확한 저음 처리도 인상적

작사 · 작곡 심형섭 / 편곡 민인설
1969년 오아시스레코드에서 발매한 [낙엽이 가는 길 / 사랑이 싹틀 때]

이 책 서두에서 언급했듯이 그간 나훈아는 고향, 어머니, 사랑, 남자 등을 주로 노래해왔다. 따라서 〈낙엽이 가는 길〉은 그가 흔치 않게 계절을 노래했다는 점에서 매우 특별하게 기억될 작품이다.

쓸쓸한 트럼펫 인트로 솔로에 이어 기타가 솔로를 받고 노래가 시작된다. 〈천리길〉 등 일련의 초기 노래들과 달리 바로 이 곡부터 나훈아의 전형적인 가창과 발성이 확실하게 잡히기 시작했다고 할 수 있다. 이 책을 쓰기 위해 이 곡을 다시 들으니 초등학교 시절 이 어려운 노래를 열심히 따라 불렀던 기억이 난다. 그때는 이런 곡이 주류 인기가요 중 하나였기 때문이다.

노래가 시작되는 0:29 "내 몸이 떨어져서 어~디로 가나"부터 노련하게 소리를 잘 띄우며 부드럽지만 임팩트

강한 감정선 연출이 돋보인다. 낮은 음으로 시작하지만 매우 안정되고 정확한 발음이 돋보인다. 0:41 "지나온 긴 여름이" 구간의 저음 처리도 명확한 발음으로 감정을 잘 살리고 있다. 0:53 "바람이 나를 몰고 멀리 가며는"에선 현악기 연주로 마치 바람이 불 듯 표현하고 있다. 이런 스타일의 악기 편곡은 퍼시 페이스, 만토바니, 빌리 본 등 1960~1970년대를 풍미한 경음악 악단에서 자주 들을 수 있는 것이기도 하다. 그리고 1:06 "가지에 맺은 정이 식어만 가네"에선 나훈아 특유의 폭발적인 가창이 절정으로 치닫게 한다. 특히 '식어만 가네'의 '가네~'는 나훈아 발성의 난도 높은 레벨의 백미다.

이 곡의 편곡자 민인설은 나훈아 〈고향역〉, 윤항기 〈별이 빛나는 밤에〉, 홍세민 〈흙에 살리라〉 등을 편곡했다. 이외에 박일남, 조미미, 조영남, 방주연, 김상희, 김부자, 정훈희, 김세레나 등등 많은 유명 가수의 히트곡을 작업했다.

🎵 아리수

· 합창단 가세로 웅장함 더해
· 무대 퍼포먼스도 화제를 모아

작사 · 작곡 나훈아

2005년 9월 발매한 [New Free Style - 아리수 / 홍시 / 사내] 수록

곡 제목은 크다는 뜻의 '아리'에 물이라는 '수'를 합친 것으로, 고구려 때 한강을 부르던 말이다. 고구려 광개토 대왕비에 아리수란 이름이 새겨진 걸 볼 수 있다.

2005년 9월 10일 오후 7시 30분 서울 한강 노들섬 특설무대에서 광복 60주년 기념 콘서트 '나훈아의 아리수'가 개최됐다. 콘서트 오프닝 무대에서 300명의 병사를 세우고 흰 갑옷을 입은 채 백마를 탄 나훈아가 노래를 불러 화제가 되기도 했다. MBC가 주최하고 서울시가 후원한 이 공연에서 나훈아는 신곡 〈아리수〉를 처음 공개했다. 이 공연에서 나훈아는 이렇게 말했다.

"저는 이 공연 처음에 말을 타고 (나왔다.) 옛날의 고구려 광개토대왕처럼, 이순신 장군처럼 임전무퇴의 우리

옛 어른들의 조국을 생각하는, 조국을 지키는 우리 장
군들의 영혼을 이 무대에 같이 모시고 나왔다. 오늘 광
복 60주년 기념이라 하지만, 쓸데없는 기념일이다. 광
복 같은 것은 없는 편이 좋았다. 다시 말씀드려서 광복
하지 않아도 되는, 다른 나라가 와서 우리나라를 지배
하는 그런 일이 애당초 없었어야 한다는 이야기다."

이어 "우리가 '절대 그러지 마', '남의 나라 쳐들어오는
건 나쁜 X이야. 절대 그러면 안 돼' 이런 소리를 하기보다,
절대 우습게 알지 못하게 우리가 강해져야 한다. 절대로
잊지 말아야 할 것은 죽기 살기로 잊지 말아야 한다. 절대
잊어선 안 된다"고 말했다. 또한 "우리 대한민국의 젊은이
들이 있는 한은 걱정이 없다. 우리 젊은이들은 나이 드신
어르신들이 계시기 때문에 젊은이들이 있는 것이다. 형
님, 아버지, 할아버지 어르신들이 건강하게 옆에서 가만
히 지켜만 줘도, 우리 젊은이들은 절대로 옛날처럼 지배
를 당하는 일은 없을 것"이라고 강조했다.

위와 같은 나훈아의 말은 이 곡을 가장 효과적으로 이
해할 수 있게 한다. 대규모 합창단의 가세로 크고 웅장함

을 더하고 있기도 하다.

🎵 웬수

- · 16비트 펑키 디스코 리듬과
- · 정통 트로트 스타일의 멋진 조화

작사 · 작곡 나훈아 / 편곡 김기표
2020년 8월 20일 발매한 [아홉 이야기] 수록

미련이 남아있으면서도 애써 아닌 척 '고놈의 정 때문
이야'라며 속내를 숨기고 웬수라고까지 하며 이별을 아파
하는 내용을 노래했다.

"울지는 않겠다고 다짐을 했는데
돌아서는 내 두 뺨엔 주르륵 눈물이 흐르네
떠나가는 저 사람에겐 미련 같은 건 없는데
왜 이럴까 왜 우는 걸까 바보처럼 왜 이러는 걸까
딱 한 가지 딱 한 마디 딱 한 글자 정-정이 웬수야"

아코디온 소리는 언제나 정겨운 옛 추억을 불러일으

키게 한다. 여기에 색소폰까지 가세하고 있다. 이처럼 〈웬수〉는 인트로부터 정감 어린 사운드를 연출한다. 뼛속까지 증오하고 죽이고 싶을 만큼 싫어하는 사람을 '웬수'라고 하는데, 이 곡에선 이러한 웬수를 정감 어린 사운드로 풀어내고 있다. 죽이고 싶은 사람이 아니라 '정'을 웬수라고 생각하기 때문에 이런 식으로 녹여내고 있는 것이다.

리듬 스타일도 곡의 매력을 더한다. 〈웬수〉에서 들을 수 있는 리듬은 16비트의 펑키 디스코 패턴이다. 따라서 '고놈의 정 때문에'라고 힘들어하면서도 사운드로는 매우 경쾌한 리듬을 접할 수 있는 것이다. 또한 펑키 디스코 스타일 특유의 싱코페이션과 같은 벽박이 자주 나오며 사운드에 활력을 더해주고 있기도 하다. 이처럼 〈웬수〉는 한국의 정통 트로트 스타일과 서양의 펑키 리듬이 멋지게 만나 시너지를 발휘한 좋은 사례다.

🎵 잡초

- 16비트 펑키 리듬을 토대로
- 트렌드 앞서는 기념비적 사운드 연출

작사·작곡 나훈아 / 편곡 김기표
1982년 5월 27일 태양음향에서 발매한 [울긴 왜 울어 / 잡초] 수록

1980년대 초라는 시점을 감안한다면 〈잡초〉는 당시의 트로트 가요 트렌드를 앞서간 작품이다. 단순히 트로트라고 표현할 수 없을 만큼 다양한 작법이 녹아있는 것이다.

16비트 구성의 〈잡초〉는 이호준의 미니 무그 인트로로 시작한다. 이런 음악에 무그를 사용한다는 자체도 범상치 않은데, 여기에 이호준은 매우 긴 무그 솔로를 시도하고 있다. 댄스음악에서나 들을 법한 방식을 성인가요라는 틀에 프로그레시브록의 작법으로 멋지게 대입시킨 것이다. 이호준의 탁월함이다.

노래가 시작되는 0:44 "아무도 찾지 않는 바람 부는 언덕에 / 이름 모를 잡초야"부터 전형적인 변박 패턴의 싱코페이션이 사운드를 더욱 리드미컬하게 연출한다. 40년이 넘은 지금 들어도 전혀 촌스럽지 않다. "한 송이 꽃이라면 향기라도 있을 텐데 / 이것저것 아무것도 없는 잡초라네"라고 이어지며 펑키 리듬이 경쾌함을 더해간다. 역시 16비트 펑키 사운드만의 매력이다.

〈잡초〉를 편곡한 김기표 감독은 필자에게 이렇게 말했다.

"이 곡은 '더블 타임' 비트를 사용한 것으로, 다른 사람이 불렀다면 그렇게 히트하지 못했을 겁니다. 나훈아가 불렀기 때문에 많은 사랑을 받게 된 거로 봅니다. 일단 나훈아가 부르면 어떤 곡이라도 멋있게 보이는 것이죠."

지극히 당연하지만 겸손한 표현으로 들렸다. 반주하는 멤버들의 실력이 그만큼 탁월했기 때문에 이렇게 멋진 사운드로 구현될 수 있었기 때문이다. 노래하는 사람도 덩달아 더 멋진 감성이 나오기 마련이다.

LP 재킷의 뒷면 왼쪽 아래엔 '문공부 등록 제26호 / 공륜위작품심의필'이란 문구가 있다. 당시 군사정부의 문화검열의 단면을 읽을 수 있게 한다.

🎵 해변의 여인

- 탁월한 가창의 교과서 같은 작품
- 진정한 보컬 황제, 가왕 면모

작사·작곡 박성규
1971년 오아시스레코드에서 발매한 [해변의 여인 / 가슴 아픈 사람끼리]
수록

〈해변의 여인〉은 나훈아의 수많은 작품 중에서도 몇몇 곡들과 함께 '베스트 오브 베스트'로 꼽힐 명곡이다. 마치 좋은 노래, 잘 부른 노래란 이런 것이라고 보여주는 교과서랄 수 있다.

〈해변의 여인〉은 나훈아가 작곡가 박성규와 마산 가포 해수욕장에서 술을 마시다가 영감을 얻어 세상에 나온 곡이다. 노을이 진 해변에 긴 머리의 여성이 머리카락을 휘날리며 모래사장을 걷고 있는 모습을 본 나훈아는 이 광경에 감동했다. 박성규 작곡가가 나훈아와 함께 이 광경을 보며 자연스럽게 노랫말로 이어졌다.

1969년에 처음 발매됐지만 별 반응을 얻지 못하다가 1971년 오아시스레코드가 컴필레이션 앨범인 [박성규 작곡집 – 해변의 여인 / 가슴 아픈 사람끼리]로 공개하며 크게 주목받았다.

　이 곡 하나만으로도 이미 나훈아는 당대 최고의 가창력 소유자라는 걸 알 수 있게 한다. 굵고 진폭 큰 소리, 저음에서 고음에 이르는 깊고 풍부한 음역 소화, 그리고 풍부한 호흡까지 설명이 필요 없는 열연이다.

　노래가 시작되는 0:20 "물위에 떠 있는 황혼의 종이배"부터 0:32 "말없이 바라보는 해변의 여인아", 0:44 "바람에 휘날리는 머리카락 사이로", 그리고 0:57 "황혼 빛에 물들은 여인의 눈동자" 등 소리 볼륨의 강약 조절, 감정선 연출, 폭발적 가창에 이르기까지 모든 게 가창 발성의 표본이다. 1:09 "조용히 들려오는 조개들의 옛이야기"부터 들을 수 있는 스트링 연주도 흥미롭다. 마치 조개들의 움직임을 표현하는 듯한 악기 편곡이기 때문이다. 진정한 보컬의 황제, 가왕의 면모가 확실한 존재감을 보이기 시작하는 매우 의미 깊은 작품이다.

아홉,

또 다른 매력,
배우 나훈아

각 분야 정상의 유명 연예인들은 언제나 영화나 드라마의 섭외 1순위다. 당대 스타들의 위상을 말해주는 것이기도 하다. 나훈아 또한 예외가 아니다.

당대 최고의 스타라는 위상이 말해주듯 나훈아는 1970년대부터 1980년대까지 여러 영화에 출연했다. 당대의 라이벌 남진과도 여러 편의 영화에 출연하며 연기 대결을 벌이기도 했다. 특히 1970년대 초반까지 집중적으로 출연했고, 이후 1980년대로 들어와 두 편의 영화를 찍은 뒤 더 이상 영화에 출연하지 않았다. 비록 출연작품은 많지 않지만 윤정희·문희·정윤희·장미희 등에서 박노식·신성일·최무룡·김희라 등 영화계의 톱스타들과 함께하며 선이 굵은 연기력을 보여줬다.

이 파트에선 나훈아가 출연한 영화를 시간순으로 살펴보고 자료로서 정리해보려고 했다. 이 또한 나훈아의 다양한 면모를 알게 해주는 중요한 자료이기 때문이다.

🎬 내일의 팔도강산 - 제3편

감독 강대철 / 제작 주식회사삼영필림
1971년 1월 12일 개봉
김희갑·황정순 주연

윤정희·문희·신성일·신영균·박노식·김진규 등 당대의 배우 외에 나훈아·이미자·패티김·김추자·펄시스터즈 등 유명 가수들이 특별 출연했다.

TV 드라마로도 많은 인기를 얻은 작품으로 희갑(김희갑 분)과 정순(황정순 분) 부부가 아들과 딸을 모두 출가시키고 자식들이 일하는 모습을 지켜보며 국토를 일주한다는 내용이다. 설날 특선 프로로 개봉해 15만 9,972명이 관람했다. 이로써 그해 한국 영화 흥행 2위를 기록했다.

음악은 김희조가 맡았다. 김희조는 1963년 제1회 청룡영화상 음악상, 1969년 제5회 백상예술대상, 1971년 제10회 대종상 음악상 등을 수상했다. 88 서울올림픽 음악 총감독을 맡기도 했다.

🎞 풋사랑

감독 정진우 / 제작 우진필림
1971년 6월 10일 개봉
문희·나훈아·노주현 출연

가수 김광훈(나훈아 분)이 건축가 강세준(노주현 분)과
함께 연희(문희 분)를 사랑하는 삼각관계를 그린 멜로·로
맨스 영화다.

음악은 한상기가 맡았다. 그는 〈하녀〉를 비롯해 〈귀신
잡는 해병〉, 〈장마〉, 〈뻐꾸기도 밤에 우는가〉 등 1950년대
부터 1990년대까지 200여 편이 넘는 영화음악을 만들
었다.

🎞 인생 유학생

감독 박호태 / 제작 한국예술영화주식회사
1971년 11월 2일 개봉
신성일·최무룡 주연

신성일·최무룡·박노식·김희라·독고성·황정순·문오

장·최불암 등 당대의 스타들이 출연한 액션영화다. 포스터엔 나훈아 얼굴이 나오지 않을 만큼 큰 비중이 아니었지만, 주인공 신성일의 이복동생 역할로 형과 대립하는 악역을 잘 소화했다는 평을 받았다. 추석을 맞아 부산에서 10만이 넘는 관객 동원에 이어 11월 서울에서 개봉해 약 7만 8,000명의 관객을 모았다.

음악을 맡은 정윤주는 〈사랑방 손님과 어머니〉, 〈연산군〉, 〈내시〉, 〈갯마을〉, 〈대원군〉, 〈길〉, 〈과부〉 등 300여 편이 넘는 영화음악에 참여했다. 대종상, 부일영화상, 아시아태평양영화제 등 여러 영화제에서 상을 받았다.

🎞 기러기 남매

감독 최인현 / 제작 남화흥업주식회사
1971년 11월 24일 개봉
나훈아·남진·문희 출연

남진과 처음으로 연기 대결을 펼쳐 화제를 모은 영화다.

재벌 외아들 진(남진 분)은 여대생 영이(문희 분)와 사랑

에 빠져 장래를 굳게 약속하지만 영이의 가정형편이 어렵
다는 이유로 부모의 반대에 부딪힌다. 결국 부모의 강압
으로 재벌 딸과 약혼하고, 영이는 오빠인 훈(나훈아 분)의
뒷바라지로 대학에 입학한다. 그러나 진과의 관계가 끊어
지자 자살하려고 하지만 이미 몸속에 진의 아이를 가진
걸 알고 홀로 아이를 낳으러 부산으로 간다. 진과 훈은 영
이를 만나러 가던 차에 같이 탑승하게 되고, 진이 누군지
알게 된 훈은 격분하지만 감정을 누르고 두 사람은 영이
의 분만을 지켜본다는 내용이다.

당대의 작곡가 박춘석이 음악을 맡았다.

🎬 고향을 묻지마라

감독 최인현 / 제작 태창영화주식회사
1972년 2월 14일 개봉
장동휘 · 전계현 · 나훈아 · 황해 · 박지영 출연

부잣집 외동딸 삼엽을 사랑하는 춘복(장동휘 분)은 야
밤에 삼엽의 방으로 들어가 그녀를 범하지만, 그녀는 삼
엽이 아닌 예산댁(전계현 분)이었다. 예산댁을 사랑하던 최

백도(황해 분)는 격노해 춘복의 두 눈을 멀게 한다. 이후 예산댁은 아들 덕팔(나훈아 분)을 낳지만 덕팔은 삼엽의 아들로 키워진다. 20년의 세월이 흘러 춘복과 백도, 삼엽은 기업체를 이끌며 서로 경쟁한다. 이후 덕팔은 친부모가 누군지 알게 되고 춘복과 백도의 대결을 저지하며 나선다는 내용이다. 나훈아는 부모 세대의 악연으로 피해자가 된 청년 '덕팔' 역할을 멋지게 소화했다는 평을 받았다.

유명 작곡가 겸 음악감독 황문평이 음악을 맡았다.

☠ 친구

감독 윤정수 / 제작 한립물산주식회사
1972년 7월 15일 개봉
나훈아·남진·오수미·박지영 출연

소매치기 출신 혁(남진 분)은 나이트클럽에서 알게 된 재벌 딸 란(오수미 분)에게서 목걸이를 훔치지만 란은 혁을 좋아하게 된다. 범죄자 아버지의 파멸을 본 훈(나훈아 분)은 이런 혁에게 정직하게 살도록 충고한다. 혁은 란 아버지의 고발로 수감됐다가 출소 후 숙과 훈 사이의 오해를 풀어 그들을 재결합시킨다. 그리고 란의 아버지를 설득시켜 결혼 승락을 받아낸다는 내용이다.

음악은 박춘석이 맡았다.

🎬 미움이 변하여

감독 한상훈 / 제작 새한필림주식회사
1972년 8월 3일 개봉
박노식 · 나훈아 · 윤정희 · 전계현 · 윤영지 출연

택시 운전사 석민(나훈아 분)은 나 여사(전계현 분)의 외아들 원준을 사고로 들이받아 병원으로 옮기려 했지만 이미 죽은 걸 알고 범행을 숨긴다. 이후 자책으로 괴로워하는 그에게 부인 숙영(윤정희 분)은 자수를 권한다. 이런 숙영의 마음을 안 경식(박노식 분)은 석민의 죗값을 조금이라도 가볍게 하기 위해 변호사를 고용한다. 석민이 재판을 받는데 나 여사와 경식은 숙영이 자신들을 위해 자식까지 포기했음을 알고 석민을 용서한다는 내용이다. 내무부 지원을 받아 교통사고 예방 홍보 차원의 영화로

제작됐다.

음악은 황문평이 맡았다.

🎞 쥐띠 부인

감독 곽정환 / 제작 합동영화주식회사
1972년 9월 7일 개봉
고은아·최무룡·허장강·도금봉 출연

알뜰한 생활력으로 내 집을 마련한 점례(고은아 분)는
남편 준식(최무룡 분)의 직장을 따라 부산에서 서울로 온
다. 그러나 점례의 서울 생활은 시집 식구들의 나태하고
안이한 생활 태도에 맞지 않았다. 점례가 검소한 생활을
강요하자 가족들은 반발하고, 솔선수범을 보인 그녀는 결
국 시집 식구들을 설득시켜 행복하고 명랑한 가족으로
거듭나게 된다는 계몽영화다.

음악은 황문평이 맡았다.

🎞 우정

감독 김효천 / 제작 합동영화주식회사

1973년 1월 1일 개봉

김희라 · 나훈아 · 박노식 · 허장강 · 트위스트 김 출연

고향 친구 나훈(나훈아 분)과 석불(김희라 분)은 성공하기 위해 서울에 올라와 갖은 고생을 한다. 가수 지망생인 훈을 위해 희생한 석불과 달리 훈은 가수로서 유명해지자 애인과 석불을 외면해버린다. 석불은 권투를 시작했고 곧 정상을 바라보는 반면, 훈은 가수협회에서 제명당하는 등 비참한 생활을 한다. 이를 안 석불은 그를 위해 권투를 포기하고 훈의 리사이틀을 마련해주고 다시 링에 올라 챔피언이 된다. 시합이 끝난 후 리사이틀장에서 두 사람은 격하게 포옹한다.

음악은 전정근이 맡았다.

🎞 어머님 생전에

감독 이혁수 / 제작 뉴코리아필림

1973년 2월 3일 개봉

황정순·나훈아·남진·윤정희 출연

미망인 황 여사(황정순 분)는 두 남매의 성공을 위해 온 갖 정성을 다하지만 아들 동수(남진 분)가 땅문서를 훔쳐 달아나 고생한다. 딸 정숙(윤정희 분)이 성장해 동수의 친 구 정민(나훈아 분)과 결혼하고, 황 여사는 사위의 권유로 정숙과 함께 산다. 그러나 시어머니의 멸시와 오해로 집을 나와 식모살이를 하던 중 주인집이 동수가 사는 집임을 알고 다시 집을 나온다. 이후 동수가 눈물로 사죄하며 같 이 살자고 애원해 황 여사는 동수를 따라 여생을 편안히 보낸다.

음악은 황문평이 맡았다.

🎞 어머니의 영광

감독 김기 / 제작 남화흥업주식회사

1973년 2월 24일 개봉

나훈아·황정순·장동휘 출연

미망인 오 여사(황정순 분)는 외아들 태호(나훈아 분)를 훌륭한 축구선수로 키우려 한다. 어느 날 태호가 축구를 그만두려 하자 실의에 빠진 오 여사는 태호를 꾸짖지만 그가 심장병을 앓고 있다는 걸 알고 자신의 심장을 이식해서라도 태호를 구하려 한다. 수술 후 태호는 다시 축구선수로 뛰며 국제 경기에서 우승하고 오 여사는 태호를 얼싸안고 감격의 눈물을 흘린다.

음악은 전정근이 맡았다.

🎞 나 혼자 못산다

감독 한상훈 / 제작 뉴코리아필림
1973년 3월 12일 개봉
나훈아·신영일·김창숙·윤연경·허장강 출연

선주인 이 주사의 돈을 갚기 위해 열심히 배를 타는 전 영감(허장강 분)은 아들 동규(나훈아 분)에겐 배를 못 타게 한다. 동규의 동생 수진(김창숙 분)을 사랑하는 이 주사의 아들이 수진을 강간하려다 섬에 온 의사 영중(신영일 분)에게 제지당하고 수진과 영중은 사랑하는 사이가 된다. 이후 영중은 서울로 가고 수진은 영중의 아기를 낳는다.

영중이 돌아오지 않자 수진은 정신이상이 되고 그 상태로 서울로 간다. 수진은 영중의 가족 도움으로 정신을 되찾고 영중은 부모의 도움으로 섬으로 내려가 병원을 세운다는 내용이다.

음악은 황문평이 맡았다.

🎬 동반자

감독 이일수 / 제작 한진흥업주식회사
1973년 4월 18일 개봉
나훈아·남진·최무룡·안인숙·김창숙 출연

일만(나훈아 분)과 길남(남진 역)은 수송 도중 수갑을 찬 채 도주한다. 여기에 최 형사(최무룡 분) 등이 함께하는 영화다.

음악은 당시 유명 기타리스트이자 작곡가 김희갑이 맡았다.

🎞 마음은 외로운 사냥꾼

감독 이원세 / 제작 합동영화주식회사
1983년 4월 2일 개봉
나훈아 · 정윤희 · 김진규 · 김희라 · 최희정 출연

제주도를 배경으로 한 영화로 나훈아는 밤무대 가수
로 출연했다. 당대의 여배우 정윤희와 러브신도 화제를
모았다.

음악은 〈병태와 영자〉, 〈물망초〉, 〈마음은 외로운 사냥
꾼〉 등으로 유명한 최종혁이 맡았다.

🎞 삼일낮 삼일밤

감독 이원세 / 제작 신한영화㈜
1983년 9월 17일 개봉
나훈아 · 장미희 · 윤소정 · 권민수 · 장서희 출연

미국 현지에서 촬영한 영화로, 나훈아는 음대 교수인
장 교수로 출연해 장미희와 열연했다. 서울 국도극장에서
개봉했으며, 음악은 김기표가 맡았다.

열,

지존무상:
음악 관계자들이
말하는 나훈아

"나훈아는 트로트 창법의 시작"

"전통가요에서 대중성·창작성·스타성 모두 갖춘 최초의 인물"

"놀라운 존재 그 자체, 노래하는 모든 사람이 본받아야"

"트로트의 깊이를 보여주는 좋은 사례"

"조용필과 함께 국내 음악계 양대 산맥"

"정통 트로트에서 트렌디 스타일까지 변화 꾀하는 역량 대단"

"딴따라라 불린 대중가수를 아티스트 영역으로 올린 최초의 음악인"

"한국 가요의 근간이자 트로트의 인덱스를 만든 장본인"

"트로트 경계를 넓힌 혁신가"

"향후 50년 동안은 나오지 못할 명가수"

"한국형 트로트 엔터테이너의 지존"

"높은 연륜에서 나오는 무게감·표현·해석력은 감히 넘보기 힘들어"

"나훈아는
트로트 창법의 시작"

고성진

작곡가·프로듀서, 그룹 '플라워' 리더

안재욱 〈Forever〉를 비롯해 최진영, 홍경민, 김정민, 테이, 김형중, 이지훈, 장윤정, 이찬원 등 많은 가수의 곡을 썼다. 이찬원 정규 1집 [ONE] 음악감독 및 미니 2집 [bright;燦]에도 참여했다.

"트로트 창법의 시작은 나훈아부터다. 트로트의 꺾기를 비롯해 그는 거의 대부분의 트로트 창법을 만들었다고 해도 과언이 아니다. 나훈아 이전까진 그런 식의 꺾기로 노래하는 가수는 없었다. 주로 고운 목소리를 선호하는 경향이 많았다. 이런 점에서 나훈아는 대한민국 트로트 창법의 원조다. 이후에 등장한 모든 남자와 여자 가수들의 노래에 나훈아 창법이 섞여 있을 만큼 그가 끼친 영향은 한계를 초월한다.

소위 우리나라의 '뽕필'이라는 게 나훈아로부터 나왔다고 할 수 있다. 1970년대의 가요 상당수는 트로트 같은 면이 있는데 이 모든 시작점이 나훈아다. 그는 다시는 나올 수 없는 전무후무한 가수다.

자기 스타일을 자신이 완벽하게 소화할 수 있다는 게 싱어송라이터의 장점인데, 나훈아는 이 부분에 있어서도 독보적이다. 자신이 쓴 곡뿐만 아니라 다른 작곡가가 쓴 곡을 노래할 때도 언제나 확실한 자기 색깔을 냈다는 것도 대단하다."

"전통가요에서 대중성·창작성·스타성 모두 갖춘 최초의 인물"

고호정

색소폰 연주자, '주현미 밴드' 멤버

2002년 윤도현 크리스마스 콘서트와 2003년 MBC 드라마 〈내 인생의 콩깍지〉 OST 참여 이래, 현재까지 20년 넘게 다양한 세션 활동을 하고 있는 중견 색소포니스트다.

"나훈아는 한국 가요사의 한 시대를 대표하는 목소리다. 전통가요 분야에서 대중성, 창작성, 스타성을 모두 갖춘 최초의 인물로 생각된다. 단순히 가창력이 좋은 가수가 아니라 스스로 작사·작곡한 곡이 많다. 이는 트로트 가수 중에선 드문 사례였고, 덕분에 곡의 해석과 감정 전달이 남달라 '나훈아 장르'라 일컬을 만큼 자신만의 영역과 색깔을 확보했다.

또한 그의 음악은 '트로트의 현대화'와 '콘서트 문화의 대중화'라는 두 축에서 확실한 발자취를 남겼다. 당시 한국 가요계에서 보기 드문 대규모 콘서트와 스토리가 있는 무대를 선보였다. 무대 의상, 조명, 동선, 퍼포먼스까지 직접 신경 쓰며 공연을 '쇼'로 발전시켰다. 이는 일부에겐 '구세대 음악'으로 인식되던 트로트를 세련된 작곡·편곡과 감각적인 무대 퍼포먼스로 젊은 세대까지 끌어들일 수 있었다.

콘서트 문화의 발전은 대중음악 연주인들, 소위 세션맨들의 활동 범위를 확장하는 데에도 큰 역할을 했다. 데뷔 후 50년 넘게 대중 최전선에 서 있었으며, 계속 현역 활동을 이어간 드문 사례다. 은퇴설 이후 'Dream Again' 콘서트로 복귀했으며, '2024 고마웠습니다-라스트 콘서트'로 2025년 초까지 이어지는 거대한 족적을 남겼다. 70대 나이에도 전국 투어를 매진시킨 건 한국 가요사에서 전례를 찾을 수 없는 기록이다.

그의 히트곡들은 앞서 언급한 전문 연주인들의 활동 영역을 넘어 수많은 아마추어 색소폰 연주인 사이에서도 널리 연주되며 여전히 그들의 삶에 즐거움을 더해주고 있다."

"놀라운 존재 그 자체,
노래하는 모든 사람이 본받아야"

김기표

작곡 · 편곡 · 음악감독

나훈아, 최헌, 윤수일, 박남정, 희자매, 구창모, 양수경, 소방차 등 많은 가수의 작곡과 편곡을 맡았다. SJA실용전문학교(前 서울재즈아카데미) 부원장으로 후학을 양성하고 있다.

"나훈아는 노래하는 모든 사람이 본받아야 할 존재다. 기회가 된다면 노래하려는 사람들에게 '나훈아를 한 달만 쫓아다녀 보라'고 말해주고 싶다. 생활을 어떻게 하고 있고, 음악에 대한 자세는 어떻고 등등.

노래 잘하는 가수의 노래를 듣고 있으면 '잘한다'라고 감탄사가 절로 나오지만, 나훈아 옆에서 그가 노래하는 걸 직접 들으면 노래 잘한다는 표현이 무색할 만큼 '어나더 레벨' 그 이상이다. 여기에 노랫말도 기가 막히게 잘 쓴다. 그는 놀라운 존재 그 자체인 것이다."

"트로트의 깊이를 보여주는
좋은 사례"

남기연

편곡가

남진, 조항조, 김연자, 주현미, 강진, 김영임, 유지나, 임
영웅, 금잔디, 김태연, 빈예서 등 1,000여 곡 넘게 편곡
했으며 조항조, 남진, 신유 세션 기타리스트로도 활
약했다.

"나훈아는 가창이야 뭐 할 말을 잃게 만드는 전설일
뿐 아니라 작곡 역량도 너무 훌륭하다. 트로트 음악이라
고 해서 단순하고 뻔한 구성이라 폄하하는 사람들이 많
다. 나훈아의 음악이야말로 트로트의 다양하고 깊이 있
는 세계를 보여주는 좋은 사례다. 절대 뻔하지 않게 곡을
쓴다. 대단한 음악적 깊이다."

"조용필과 함께
국내 음악계 양대 산맥"

노경환

임재범·김종서 밴드 기타리스트, 중부대 실용
음악과 학과장
다비치, 백지영, 정승환, 폴킴, 멜로망스, 청하 등
4,000곡 넘게 세션한 기타리스트이자 현 TV조선〈트
롯 올스타전〉밴드마스터. 세계적인 일렉트릭 기타 제
조사 쉑터의 글로벌 아티스트이기도 하다.

"한국 대중음악계에 끼친 영향은 이루 말할 수 없을
만큼 대단하다. 록을 예로 든다면 나훈아는 오지 오스본,
레드 제플린 같은 존재다. 오랜 시간 최상의 컨디션을 보
여주고 있다는 건 그만큼 자기관리 능력도 대단하다는
걸 말해준다. 조용필과 함께 한국 대중음악계의 양대 산
맥이라고 말하고 싶다.

나훈아는 곡을 직접 쓰고 노래하는 싱어송라이터이기
도 하다. 몇십 년이 지난 지금에 와서도 많은 가수들이 그
의 곡을 리메이크하고 있다. 이것은 말로 표현할 수 없을

만큼 나훈아의 노래에선 특유의 힘이 있기 때문이다. 만일 가사도 쓰고 멜로디도 만들 능력이 된다면 나훈아의 작품은 싱어송라이터로 가기 위해 공부할 게 너무 많은 최상의 교과서다.

얼마 전 김종서 공연을 무사히 끝냈다. 공연 도중 〈새가 되어 가리〉를 부르는 부분에선 나도 모르게 무대에서 흥이 치솟았다. 고교 시절에 팬으로서 열심히 듣던 이 노래를 김종서라는 원곡 가수와 함께 공연한다는 게 그만큼 신나고 행복했기 때문이다. 〈새가 되어 가리〉도 이 정도인데, 어마어마한 레전드인 나훈아의 명곡들을 원곡 가수와 함께한다면 그 감동의 순간은 말로 표현하기 힘들 것 같다. 음악인으로서 내 마지막 꿈이 나훈아 무대 뒤에서 반주를 해보는 것이었다. 그러나 은퇴 선언을 하는 바람에 결국 이걸 이루지 못한 게 너무 아쉽고 또 아쉬울 따름이다."

"정통 트로트에서 트렌디 스타일까지 변화 꾀하는 역량 대단"

이동철
작곡가
음향엔지니어 출신의 작곡가로 진시몬, 장민호, 이수정, 홍지윤, 정미애, 빈예서, 김나희 등 여러 가수의 곡을 썼다.

"60여 년 가까운 오랜 시간 동안 오로지 음악인으로서 살아왔다는 점이 너무 대단한 것 같다. 한 가지 일을 계속한다는 건 결코 쉬운 일이 아니기 때문이다. 물론 중간에 우여곡절도 있었지만, 끝까지 팬들에게 음악으로 보여주려고 하는 모습이 대단한 것 같다. 정통 트로트뿐만 아니라 트렌디한 스타일로 변화를 꾀해 발표한 곡들도 놀랄 만큼 너무 좋았다. 절대 쉽지 않았을 텐데도…."

"딴따라라 불린 대중가수를 아티스트 영역으로 올린 최초의 음악인"

이상훈
세션 드러머, '이승철 밴드' 멤버
이승환, 나얼, 이소라, 유희열, 이은미, 나훈아, 남진 등
다수의 가수와 세션으로 활동했으며, KBS 1TV 〈콘
서트 7080〉 등에서 하우스밴드 멤버로도 활약했다.

"나훈아는 소위 레전드라 일컫는 연배(세대) 중에선 장르의 다양성을 가장 많이 견지하고 있는 음악인이다. 정통 성인가요부터 국악, 트렌디한 팝 스타일에 이르기까지…. 〈무시로〉, 〈잡초〉의 멜로디와 가사는 트로트지만 리듬은 펑키 스타일로 매우 멋지게 노래하고 있다. 결코 단순한 트로트 '뽕짝'이 아닌 것이다.

나훈아야말로 딴따라라고 불리던 대중가수를 아티스트의 영역으로 끌어올린 최초의 음악가다. 딴따라로 낮춰 보지 않고 아티스트로 여기며 위로 올려볼 수 있게 한 최초의 가수가 나훈아인 것이다."

"한국 가요의 근간이자
트로트의 인덱스를 만든 장본인"

임현기

음악감독

MBC 〈나는 가수다〉와 〈복면가왕〉, Mnet 〈슈퍼스타 K 시즌5〉, TV조선 〈미스트롯〉, 〈미스터트롯〉, 〈사랑의 콜센타〉 등 다수의 예능 프로그램에서 음악감독으로 활약했다.

"한국 가요의 근간을 만든 살아있는 전설, 역사 그 자체다. 그는 한국 가요계에서 트로트의 인덱스를 만든 장본인이다. 그가 활동을 시작하던 초기까지 한국 가요계는 트로트라는 말보다 음악 또는 가요 등의 이름으로 불렀다. 이후 장르가 다양하게 나뉘며 매체 및 대중들 사이에서도 트로트라는 명칭이 본격적으로 사용하게 됐는데, 나훈아의 등장이야말로 이러한 트로트의 기준점을 제시했다고 볼 수 있다.

각종 경연의 음악감독으로 현장에 있다 보면 출전자들이 나훈아의 곡을 제일 많이 가져오는 걸 알 수 있다.

남녀 할 것 없이 트로트를 하는 많은 이들이 어렸을 때부터 나훈아를 접할 뿐 아니라 레슨을 받을 때에도 나훈아의 곡으로 많이 배운다. 그만큼 트로트를 하는 사람들에겐 나훈아가 자연스럽게 녹아있는 것이다."

"트로트 경계를 넓힌
  혁신가"

전홍민

작곡 · 편곡가, '마벤져스' 멤버
윤수현 〈천태만상〉의 편곡과 이찬원 〈망원동 부르
스〉의 작곡·편곡을 맡았으며 송가인, 홍지윤, 홍자 등
여러 가수의 노래 작업에도 참여했다.

"나훈아는 한국 대중가요의 살아있는 전설이자, 트로
트의 경계를 넓힌 혁신가다. 그의 음악은 한국인의 정서
를 고스란히 담아낸 애절하고 서정적인 선율, 누구나 쉽
게 따라 부를 수 있는 대중성, 그리고 전통 리듬과 현대적
편곡이 절묘하게 어우러진 것이 특징이다. 노랫말 한 줄,
악구 하나에도 깊은 이야기와 감정이 깃들어 있어 작곡
가로서 늘 감탄하게 된다. 무엇보다 음악과 무대, 가사와
연출까지 모든 것을 스스로 완성해내는 창의성과 진정성
은 후배 음악인들에게 큰 울림을 주며, 내게도 끝없는 영
감을 준다.

그의 작품을 들을 때마다 '음악이란 결국 사람의 마음을 울리는 힘'이라는 본질을 다시 깨닫게 된다."

"향후 50년 동안은 나오지 못할 명가수"

정경천

작곡 · 편곡가

〈고장난 벽시계〉, 〈사랑〉 등 나훈아의 많은 곡 및 이선희 〈J에게〉, 현철 〈사랑의 이름표〉, 주현미 〈짝사랑〉, 진성 〈안동역에서〉, 주병선 〈칠갑산〉, 신유, 김태연 등 많은 곡을 작업한 국내 편곡계의 레전드다.

"나훈아 같은 가수는 아마 향후 50년 동안은 나오지 못할 것 같다. 나훈아야말로 레코딩보다 라이브가 더 좋은 가수다. 각종 장비로 레코딩 시 가수의 단점을 보완하는 현시점에서 나훈아 같은 가수의 존재감이 더 빛이 나는 것이다."

"한국형 트로트 엔터테이너의 지존"

정수욱

기타리스트·프로듀서, 호원대 실용음악과 교수
재즈 기타리스트로서 많은 공연 및 정미조, 전제덕,
루시드 폴 등의 앨범 프로듀서로도 활약했으며, 독일
'에이블톤 라이브'의 세계적인 공연 트레이너 중 하나
이기도 하다.

"한국 대중음악에서 트로트가 주류이던 시대는 물론
그 말미에도 트로트를 콘서트 음악으로 끌어올린 장본인
이다. 예를 들어 조용필은 그 바로 직후, 트로트에 머물지
않고 모던하고 팝적인 대중음악 트렌드를 견지했다. 그런
면에서 나훈아는 차별성이 있고 그 독보적 고집이야말로
한국형 트로트 엔터테이너의 지존이라 해도 과언이 아
니다.

또한 음악적으로도 상업성에서 자신의 감을 한 번도
놓친 적이 없다. 국내 대중음악이 최근에서야 음악적 평
가를 할 만큼 깊이가 생겨 나훈아의 음악은 초기 상업음

악과 트로트의 울타리 안에서 평가하는 게 맞다고 본다. 하지만 대중음악 구조가 문화적 파급을 잘 견지해야 하는 이른바 '촉'이 중요한데 그 지점에서 나훈아만 한 아티스트는 없었던 듯하다.

지금 트로트가 주류 콘서트 음악인 걸 보면 이 부분은 반드시 나훈아의 공이 지대하다고 할 수 있다."

"높은 연륜에서 나오는 무게감·표현·
해석력은 감히 넘보기 힘들어"

최남진
음향감독, '초이랩 스튜디오' 대표 엔지니어
나훈아, 남진, 주현미, 장윤정 등 다수의 가수와 레코
딩 작업을 진행했으며, 영화 〈올드보이〉와 드라마 〈파
리의 연인〉 등 OST 작업에도 참여했다.

"그간 많은 트로트 가수와 레코딩 작업을 했다. 작업
하며 남다른 인상을 받은 가수는 많지만 그중에서도 몇
을 꼽는다면 남자 가수는 나훈아·남진·조영남이고, 여
자 가수는 김연자·김용임·주현미 등이다. 이 중에서도
나훈아와 남진은 대단한 내공의 레전드를 느끼게 해주었
다. 높은 연륜에서 나오는 무게감과 표현, 해석력은 감히
넘보기 힘든 것이었다."

노래하는 사람

나훈아

1판 1쇄 인쇄 2026년 3월 20일
1판 1쇄 발행 2026년 3월 30일

지은이 조성진
펴낸이 김기옥

경제경영사업본부장 모민원
경제경영팀 박지선, 양영선
마케팅 박진모
경영지원 고광현
제작 김형식

표지 디자인 블루노머스
본문 디자인 푸른나무디자인
인쇄 · 제본 민언프린텍

펴낸곳 한스미디어(한즈미디어(주))
주소 04037 서울특별시 마포구 양화로 11길 13(서교동, 강원빌딩 5층)
전화 02-707-0337 | **팩스** 02-707-0198 | **홈페이지** www.hansmedia.com
출판신고번호 제 313-2003-227호 | **신고일자** 2003년 6월 25일

ISBN 979-11-24272-17-6 (03670)